ШИМОН ГАРБЕР

ГОМО САПИЕНС

ТОМ III

Сборник эссе

Суеверие, Вера, Религия, Политика

2021

Шимон Гарбер
Гомо сапиенс
том III
Сборник эссе
Суеверие; Вера; Религия; Политика.

Редактор русского текста: Анна Пелан
Корректор: Издательство ЭРА
Компьютерный дизайн: В. Белинкер
Издатель: Newcomers Authors
            Publishing Group
ISBN: 978-1-950430-192

© Шимон Гарбер
TX 8-821-907

All rights reserved
©Shimon Garber

2021

Оглавление

АННОТАЦИЯ	9
ИСТОРИЯ РАБСТВА	17
Цивилизации	21
Ислам-рабство -религиозные войны	29
Колониализм	37
Колонизация америки	45
Капитализм	55
XX1 век – противостояние	61
Рабство в США	69
Последствия рабства	7 5
Выборы в США 2020	77
Президент Dональд Трамп	95
Плавильный котел	107
Новое время	119
Кому мешал Трамп	133
Победителей не судят	153

Что дальше	161
США год 2021	169
ЮАР	181
Будущее США и мира	183
Президент Джо Байден	193
Итоги	195
Новая реальность	201
Эпилог	209
Послесловие	211

...Наше общество делится на доминантов, приспособленцев и изгоев.

АННОТАЦИЯ

Сборник различных эссе написанных в разное время и на кажущиеся различные темы, объединяет единый объект: вид Гомо сапиенс, его развитие, история и уникальный эксперимент биологической природы, создавшей удивительное явление – человека.

В отдельных главах приходится возвращаться в далекое прошлое происхождения нашего вида и появление различных цивилизаций. Сделано это для логичного построения повествования, дабы избежать впечатления отдельно вырванных кусков, не связанных между собой.

Третья книга Гомо сапиенс логичное продолжение истории нашего вида в современном мире. Мир поделен на страны, религии, идеологии и несмотря на декларируемые принципы всеобщего равенства и обязательства защищать мир и процветание, по-прежнему существует опасность военного решения противостояний. Современное оружие и технологии позволят с ужасающей жестокостью уничтожить народы и даже целые страны. Природа Гомо сапиенсе, как и в прошлом, требует подчинения и почитания того, кто является более доминантным, господствующим.

История рабства, проходит красной нитью через все этапы развития нашего вида. В отдельных странах рабство существует ещё и сегодня. От того сможет ли наш вид найти путь примирения и прощения, зависит будущее нашего вида, вынужденного жить на одной планете.

Биологическая природа человека проявляется в его поведенческих мотивах. Вместе с тем человек является существом социальным. Он не может жить вне социума. Человек рождается с уже сформированным мозгом, имея определенные инстинкты, заложенные в лимбической системе мозга. Социальные навыки человек приобретает в процессе развития, общаясь с окружающим его социумом.

Сравнительно недавно по историческим меркам, около 185 тысяч лет назад, вследствие изменения климата наш вид Гомо сапиенс выходил из Африки, вместе с другими группами животных, в поисках благоприятных мест обитания. Несмотря на большой мозг, вид Гомо сапиенс следовал не велению сердца, а примитивному биологическому инстинкту. Мозг необходимо питать. Мозгу было все равно как и где возьмётся питание для него. Можно было поймать какую-нибудь живность или съесть соседа. У мозга нет этики. Он просто выполняет биологическую функцию выживания. Кровоток проходящий через мозг должен принести липиды, белки и сахара. Мозг отбирает то, что ему требуется остальное вместе с отходами метаболизма уносится прочь.

Шли тысячелетия и вид Гомо Сапиенсе расселившийся по всей планете, начал переходить на оседлый образ жизни. Создавая цивилизации пять тысячелетий тому назад, за сравнительно небольшой исторически срок, наш вид прошел невероятный путь от примитивного охотника – собирателя до покорителя космоса. В этом эволюционном процессе наш мозг потерял 50-250 см^3, но мы научились понимать и изучать процессы, происходящие в нашем мозгу. Именно мозгу мы обязаны не только выживанию на этой планете, но и осмыслению процессов позволяющих нашему сознанию оставаться людьми, не возвращаясь в наше обезьянье прошлое.

В нашем прошлом мы пережили жуткие катаклизмы, истребительные войны, исчезновения наций, цивилизаций и рас. Устрашающие эпидемии, уносившие миллионы жизней. Религиозные распри, приводившие к войнам планетарного масштаба. Гражданские войны, несущие разруху, нищету, массовую гибель ни в чем неповинных людей. Мировые войны с чудовищными жертвами. Пять тысячелетий кажется невообразимо огромный срок, но в историческом аспекте это ничтожно мало для эволюционных изменений биологического вида, каковым и является наш вид Гомо сапиенс. Переход от общинно-родового сообщества собирателей-охотников и кочевого образа жизни, к созданию первых постоянных поселений, которые впоследствии назовут появлением первых цивилизаций. Наличие пресной воды, материала для строительства жилищ и плодородная почва для выращивания зерновых культур необходимое условие появления подобных цивилизаций. Создание культовых общественных пантеонов позволило жрецам различных ранних форм религий создавать общины поклоняющиеся новому общему божеству.

Сюда приходили для общественных церемониальных молитв, происходили жертвенные церемониалы, поклонялись и создавали украшения, скульптуры и живопись. Культ означенного божества становился центром общественной и социальной жизни. Появляется расслоение общества по имущественному и социальному признакам. Земля и подводящие пресную воду каналы объявляются собственностью божества данного поселения, а жрецы становились служителями, исполняющие волю божеств. Появляется налоговое бремя за пользование землей и водой. За нарушение обязательств следовало наказание в виде перевода в долговое пленение. Мог быть назначен определенный срок для отрабатывания долга или можно было откупиться, отдавая в рабство ребенка.

Жрецы назначали военачальников в период войны с соседним поселением или нападающими кочевниками. Захваченных во время войн пленников превращали в рабов.

Традиция назначать (короновать) военачальников-царей сохранилась в последующих религиях. Живя по биологическим законам вид Гомо сапиенсе мигрировавший около 185 тысяч лет тому назад (появляются всё новые датировки) и заселивший практически всю планету, по своей природе и в сущности оставался гоменидом, рода люди.

Поскольку наш вид живет по биологическим законам, для поддержания нормальных физиологических процессов человеку необходимо питаться. При наступлении возраста репродуктивного созревания (девочки в 13 лет, мальчики в 14 лет) человек стремиться к исполнению данной функции, продолжению рода. Помимо физиологических инстинктивных потребностей, множеству людей свойственно желание доминировать, выделяться из среды себе подобных. Потребность превосходства над другими особями является инстинктивным стремлением занять ведущее место в обществе, что позволяет не только иметь больше пищи и лучшую самку (самца), но и ощущать себя выше других особей. Доминирование является биологическим законом природы, унаследованным от наших предков, обезьян.

Проходили века и тысячелетия. Появлялись и исчезали цивилизации. Строились города и крепости. Всё новые волны завоевателей приходили и разрушали созданное предыдущей цивилизацией и строила свои храмы. Вид Гомо сапиенс создавал искусства, чудеса архитектуры, открывал неизведанные тайны наук, создавал новейшие виды оружия способного уничтожить все живое вокруг. Человек ступил на луну. В XXI веке население Земли приблизилось к восьми миллиардам человек. Но как и тысячелетия назад наш вид поклоняется своим богам и готовится к уничтожению тех, кто молится другим богам. По-прежнему наше общество строится по биологическим принципам. Доминантные особи возглавляют популяции, поддерживаемые религиозными лидерами. Религии-идеологии меняются, но суть остается. Лидеры могут быть назначены богом (всякая власть от бога) или избраны демократическим путем, а религия или идеология подтверждает легитимность существующей системы власти.

Наше общество делится на доминантов, приспособленцев и изгоев.

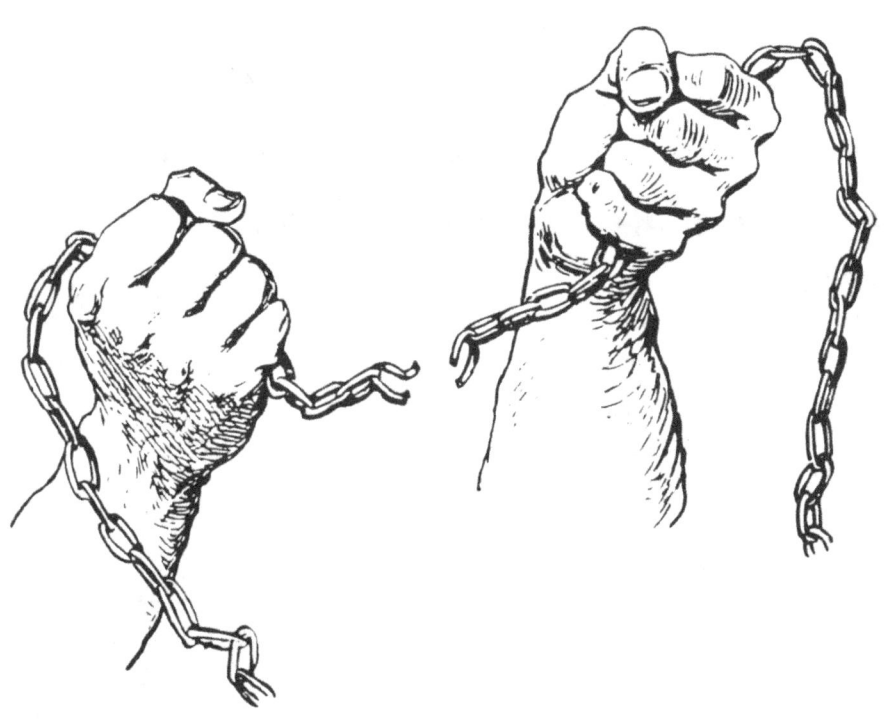

...Потеря объема мозга нашего вида, возможно существует с момента образования поселений, предписывающих правила поведения, поклонения и подчинения.

ИСТОРИЯ РАБСТВА

Историю вида Гомо сапиенс можно считать с начала исхода данного вида из Африки около 185 тысяч лет назад, судя по останкам ранних представителей Гомо сапиенс, найденных в Израиле. Существуют и другие датировки 120-150 тысяч лет назад. Изменение климата в Африке заставило многочисленный животный мир континента, включая гоминидов отправиться на поиски альтернативных благоприятных мест обитания. Большой мозг позволил многочисленным популяциям Гомо сапиенс осваивать гигантские просторы планеты, бороться с хищниками, другими видами гоминидов, дикой природой, стихийными бедствиями, болезнями и голодом. Они выжили благодаря умению делиться пищей, чего не делает никто в животном мире. Материнский инстинкт выкармливать детенышей существует у всех типов выживших животных, а вот делиться пищей с членами популяции, даже старыми, не приносящими никакой пользы – именно это позволило нашему виду стать людьми.

Вид Гомо сапиенс покидал Африканскую колыбель. Поиски пищи и более благоприятные условия для обитания заставляли действовать.

Подобные экстремальные действия в условиях дикой природы, опасности и множественные враги, сражения происходили в течение многих тысяч лет. Мозг, достигший объема в 1650 см³, единственное оружие наших далеки предков, приспосабливался и развивался, спасая вид от уничтожения. Умение пользоваться огнем, создавать орудия труда, борьба с хищниками и другим представителями гоминидов, оттачивала способности к выживанию. Это были популяции охотников-собирателей, подчиняющихся тотемным обрядам и табу. Осваивая все новые пространства популяции Гомо сапиенсе двигались все дальше расселяясь по планете и за несколько тысяч лет освоили практически все континенты и большинство крупных островов.

Переход популяций охотников-собирателей к оседлому образу жизни, связан с пониманием выгоды выращивания зерновых культур на побережьях полноводных рек. Вместо долгих и трудных поисков продуктов питания, появилась возможность выращивать зерновые культуры и делать запасы на случай неблагоприятных погодных условий.

Одомашненный скот и запасы зерна давал возможность увеличения семьи, не опасаясь голода. Оседлая жизнь изменила весь уклад племенной жизни. Строились поселения с храмами для поклонения божествам племени. Доминирующий вожак становился жрецом храма, посвящённого определенному божеству. Появились ценности: земля, вода, жилище, запасы зерна, домашний скот, рабы.

Рабство существовало в истории Гомо сапиенс практически всегда. Даже в общинно-родовом обществе существовали рабы, подчиненные воле доминантного вожака и его помощникам-шаманам. Восстающего члена стаи-семьи приносили в жертву тотему, с дальнейшим поеданием во время общей трапезы. При переходе к оседлому образу жизни и построению храмов, рабство было логичным явлением, как долговое, так и в результате захвата пленных в различных войнах. Рабы становились ценностью, поскольку использовались на различных работах при рытье оросительных каналов, строительстве храмов-зиккуратов и любых других работах.

По всей вероятности появлению письменности мир обязан храмам. Запись налогов, учет запасов и количества рабов, требовало создания системы, способной это хранить. Клинопись появилась благодаря этой необходимости.

Потеря объема мозга нашего вида возможно существует и с момента образования поселений, предписывающих правила поведения, поклонения и подчинения. На смену правилам табу и тотема, пришло поклонение различным языческим богам. Подавление, послушание и подчинение провозглашённым правилам, лишало членов популяции инициативы и желания к сопротивлению. Страх смерти или наказания в виде изгнания из поселения подавлял инициативу. Существование вне сообщества означало гибель или плен к чужакам. Выживали приспосабливающиеся и услужливые.

Вавилон, покоривший шумерские города-государства, принял их культуру и многобожие, строил грандиозный храм – зиккурат.

ЦИВИЛИЗАЦИИ

Около пяти тысяч лет назад, на Ближнем Востоке, вдоль рек Тигр и Евфрат, стали возникать города-государства, возводимые прибывшими на кораблях людьми, называвших себя «черноголовыми.» В истории Гомо сапиенс они остались как шумеры. Прибывшие возможно из Индии, долины реки Инд — колыбели цивилизованных сообществ, привезли многочисленные знания, что позволило сложившемуся населению значительно продвинуться в различных областях. Индия дала миру множество знаний, а также новые народности. Помимо шумеров из Индии вышли цыгане и персы. Бесноватый Гитлер считал древних арийцев (предки иранцев) предками немецкой нации. Помимо множества других знаний, шумеры умели строить храмы-зиккураты для своих многочисленных языческих богов.

В Месопотамии жрецы служившие в шумерских храмах входили в господствующий класс, владеющий земляными наделами. Они решали вопросы прокладки ирригационных каналов, выбирали военачальников в случае войны, собирали налоги и сдавали в аренду небольшие участки земли мелким арендаторам. В крупных хозяйствах работали рабы, получавшие скудное питание за свой труд. Мелкие арендаторы отдавали в храмы большую часть полученного урожая, живя на остаток. За неуплату налогов арендаторы становились долговыми рабами. В счет долга можно было отдать своего ребенка.

По сути это было первое тоталитарное общество, использовавшее труд рабов. Охотники-собиратели рабов не имели, поскольку не вели оседлого образа жизни, передвигаясь в поисках необходимого питания. Переход к оседлому образу жизни и создание первых городов-государств привело к рабовладению, социальному расслоению и появлению касты жрецов, обслуживающих культ богов.

Рабство сопровождало всю историю цивилизации человеческого сообщества. В рабов обращали захваченных во время войн пленников, должников не сумевших вернуть взятое в долг, преступников пойманных с поличным. При первобытно-общинном существовании в рабство забирали женщин, а мужчин убивали или приносили в жертву тотему с дальнейшим поеданием во время трапезы.

Рабство развивалось при строительстве городов с центральным храмом для поклонения божествам. Рабство использовалось в обществах зависящих от сельскохозяйственного производства. Здесь труд рабов был экономически оправданным. Подневольный труд использовался при строительстве храмов, крепостей, возведении защитных стен и рытье каналов. Рабы использовались в домашних, сельскохозяйственных или строительных работах.

Шумер был завоеван семитскими аккадскими племенами. Имя Саргон дошло до нас виде найденной глиняной таблички, где он называл себя «Царь Шумер и Аккад». Этот титул впоследствии использовали правители Ассирии и Вавилона.

Со временем Аккадские города приходили в упадок. Вавилон в центре страны подчинился племенному союзу амореев. Один из известнейших царей, Хаммурапи (приблизительно 1793 – 1750 годы до н.э.) оставил нам в наследство свод законов высеченных на базальтовой стелле (храниться в Лувре). Некоторые из этих законов вошли в еврейскую Тору, а затем, как Старый Завет стали частью Библии.

Вавилон, покоривший шумерские города-государства, принял их культуру и многобожие, строил грандиозный храм – зиккурат. Он не имел внутренних помещений и молебны проходили на верхних площадках. На верхней площади храма находилось отдельное возвышение. Место пребывания божества. Подобные жилища для богов строились и в других религиях.

На гравюрах храма Соломона в иудейской религии прослеживается сходство с зиккуратами шумеров. Святая святых, отдельное помещение для пребывания бога, куда раз в год позволялось входить только первосвященнику.

Подобные храмовые комплексы строились в Центральной Америке, где на вершине подобных зиккуратов приносились человеческие жертвы. Мавзолей вождя мирового пролетариата В.И. Ленина построен в виде зиккурата, внутри которого установлен гроб со стеклянной крышкой, открывающей некий мумифицированный образ вождя, которому следует благоговейно поклоняться, отстояв длинную очередь желающих узреть облик умершего в 1924 году.

Одновременно с освоением плодородной земли Месопотамского полумесяца развивались города-государства на Ближнем Востоке вдоль побережья Средиземного моря. Хетты, финикийцы, филистимляне, амореи, иевусеи, и многие другие. Эти города-государства занимались морской торговлей, земледелием и ремеслами. Вторгшиеся в Ханаан еврейские племена кочевников-скотоводов, вели долговременные войны за территории. Тора упоминает о кровопролитных войнах между евреями и филистимлянами. Последние поклонялись различным богам, главным из которых был морской бог Дагон. Борьба с филистимлянами потребовала консолидации под властью царя. Первый царь Саул был убит в сражении, а второй царь Давид освободил страну от ига филистимлян. После разрушения Газы вавилонским царём Навуходоносором филистимляне как народ исчезли.

Рабовладение как способ создания ценностей, упоминается в основополагающей Торе, вошедшей в Новый Завет иудо-христианской религии. К рабам относились дети, проданные в рабство родителями за долги, военнопленные или купленные у других народов. Например финикийцы торговали невольниками. Хотя рабы были собственностью хозяина, но Тора запрещала причинять рабу увечья. В случае нарушения этого закона, раб получал свободу. За убийство раба полагалось наказание виновного. Рабыни часто были наложницами, их запрещалось продавать, а полагалось отпускать на волю. Рабов полагалось отпускать через 6 лет, но если он обзаводился семьей в течение срока и не хотел уходить от жены и детей, это означало раб отказывается от свободы. Религия предписывала мягкое и справедливое отношение к рабам.

В Африке в третьем тысячелетии до н.э. в Египте Древнего и Среднего царств строились усыпальницы-пирамиды для фараонов. Египетские жрецы создавали монументальные пирамиды для своих фараонов. Последние считались наместниками божества на земле и мумифицированные трупы хоронились внутри пирамид с невероятной пышностью. При строительстве пирамид широко использовался труд подневольных рабов.

Практически во всех религиях существует мифическая убежденность в загробном существовании, что позволяет убеждать паству в необходимости благолепия и поклонения означенному божеству, тем самым обеспечивая себе место в загробном мире. Ослушникам и богохульникам угрожали вечные муки и страдания в концлагере потусторонней жизни. Для обслуживания в потустороннем мире умерших правителей, полагалось заготовить все, что может понадобиться в мире мертвых, включая обслуживающих рабов.

Вавилон в 19 веке до н. э. был подчинен симитскими племенами халдеев. Главный культовый храм был посвящен богу Мардуку. Наиболее знаменит правитель Хаммурапи, известный своими законами, высеченными на базальтовом обелиске (ныне хранится в Лувре). Часть этих законов стали десятью заповедями в Торе.

Вавилон, а после него Ассирия продолжали завоевательные войны, приносившие доходы и множество новых рабов для строительства крепостных стен и храмов-зиккуратов для почитания назначенных божеств. Постоянно подвергающийся нападениям различных племен, правители Вавилона заключили союз с северными соседями ассирийцами. Власть перешла к ассирийской династии в 1024 до н.э.

Ассирийский царь Саргон II в 732-722 до н.э. пошел войной на Израиль. Захватил и увел в плен «десять колен» израилевых. Они были рассеяны среди других народов и потеряны навсегда. На их место были расселены другие народы, которых назвали самаритянами. Современный Израиль продолжает поиски некогда утерянных собратьев, время от времени называя те или иные народы потерянными коленами иудейскими и даже переселяя последних в современный Израиль. Южное царство Иудея, также не избежала пленения. Ассирийский царь Навуходоносор II с 598 до н. э. по 592 до н. э. вторгался в Иудею и уводил евреев в плен.

Население завоеванной Иудеи было отправлено в Вавилон. Храм в Иерусалиме был разрушен. Через 70 лет персидский царь Кир Великий завоевал Вавилонию и разрешил многочисленным пленным народам возвращение на родину.

Чернокожее население Африки было всегда притягательной добычей для работорговцев во все времена. Захваченных рабов везли в Египет, Финикию, Грецию, Рим. Арабские работорговцы вывозили рабов из Африки в Аравию, Османскую империю, Персию, Египет. Вооруженные отряды работорговцев охотились на чернокожее население Африки по всему континенту. Работорговля являлась важной составной частью экономики таких государств как Арабский Халифат, Золотая Орда, Крымское Ханство, Османская империя.

Рабовладельческая система существовала в истории множества государств. Раб мог стать свободным при определенных обстоятельствах. В Ветхом Завете Библии описаны правила обращения с рабами порядок освобождения от рабства по истечению определенного срока. Рабство существовало в Древнем Риме, где гладиатор (меченосец лат.) уцелевший во множестве сражений на арене цирка, мог удостоиться от цезаря награды, даривщему ему свободу. Во множестве стран существовал институт вольноотпущенников. Выкупившийся на свободу или отпущенный раб, хотя и становился гражданином, но был обязан соблюдать множество условий, ограничивающих его в правах.

Случалось рабы восставали, в надежде обрести свободу. Такие восстания подавлялись с особой жестокостью. Рабовладение сложившееся в античные времена просуществовало едва ли не всю историю человечества. Рабский труд применялся в сельскохозяйственном производстве, строительстве пирамид в Древнем Египте. Рабами владел Древний Рим, Греция, Месопотамские государства. Рабский труд использовался в домашних работах. Существовали привилегированные классы рабов. Те, чьи знания или таланты могли принести прибыль или могли быть использованы на благо хозяевам.

ИСЛАМ – РАБСТВО – РЕЛИГИОЗНЫЕ ВОЙНЫ

В начале VII века н.э. на Аравийском полуострове в арабском городе Медине появился человек, который основал новую религию, названную исламом. Она являлась авраамической религией, так же как иудаизм и христианство. Новый пророк Мухаммад признавал пророками Ибрахима (Авраама), Мусу (Моисея), Ису (Иисуса), Джебраила (Гавриила) и других. Свой род Мухаммад вел от Исмаила (Измаил), сына Авраама и служанки Агарь. Народ Медины его не принял и Мухаммед был вынужден перебраться в Мекку. Там находился большой черный обелиск, издревле считающийся священным. Этот город стал священным для всех последователей ислама и традиция паломничества в этот город и поклонения священному камню, сохранилась и поныне.

Исламу удалость объединить многочисленные разрозненные племена арабов, живших на Аравийском полуострове в единых последователей пророка Мухаммада и создать могущественную армию, желавших завоевать территории для создания Арабского Халифата. Рабство в исламе уходит корнями в доисламскую эпоху. Ислам допускает рабство, считая освобождение раба богоугодным делом. Гарем с наложницами-рабынями разрешен в исламе.

Еще при жизни Мухаммада началось победоносное наступление арабов мусульман. Освоив Аравию арабы захватили территории в Азии, государства Северной и Северо-Западной Африке, Ближнем Востоке, Египте, Персии, Закавказья, Средней Азии, большие острова Средиземноморья, Южной Италии и Пиренейского полуострова. В Анатолии образовалась мусульманское государство – Османская империя.

К началу восьмого века создание Арабского халифата было завершено. Миллионы пленников были проданы в рабство. В мусульманском мире завоевания обширных территорий и государств неизбежно создавали традиции работорговли захваченных масс людей. Википедия приводит грубые цифры числа рабов на мусульманских территориях в течение двенадцати веков составляло от 11,5 до 14 млн человек. Рабский труд использовался в горной промышленности, орошении, скотоводстве, домашнем хозяйстве. Арабская работорговля процветала в Западной Азии, Северной и Юго-Восточной Африке. Рабовладение существует в исламских странах: Чад, Мавритания, Мали, Судан. До начала XVIII века, Крымское ханство занималось массовой работорговлей (центральный рынок работорговли, город Кафа, сегодня Феодосия) с Османской империей.

Арабская или исламская работорговля началась в середине VII века и продолжалась 14 веков. В Османской империи рабовладение было законным и на невольничьих рынках Константинополя – (Стамбул) пятая часть населения составляли рабы. Сексуальное рабство Османской империи продолжалось до начала XX века.

Работорговлей занимались Украинские гетманы, запорожские черкесы, новгородские посадники, казаки Петра Великого, викинги, византийцы, итальянские , генуэзские и венецианские купцы. Основные покупатели: мусульмане Египта, Сирии, Анатолии и Персии.

Поскольку покупка и продажа мусульман была запрещена по законом ислама, основным «товаром» были невольники из Африки, жители азиатских степей, население Северного Кавказа, Литовского княжества, Польского королевства и Руси.

Начало XIII века ознаменовалось нашествиями полчищ татаро-монголов под предводительством Чингисхана. Средняя Азия была завоевана от Инда до Каспийского моря. Жителей городов взятых штурмом, оставшихся после ужасающей резни, выгоняли в поле, делили между воинами, которые обращали их в рабство. Пленных использовали при осаде городов.

Пленение и рабство во время татаро-монгольского завоевания сопровождалось разорением городов и поселений. Существуют многочисленные литературные источники арабских, персидских, тюркских и армянских авторов XIII-XV веков. Пленных, уцелевших во время резни продавали в рабство. Женщин насиловали, богатых горожан истязали, вымогая деньги. Женщин, детей и ремесленников угоняли в плен. Значительная часть пленников продавалась на крупных невольничьих рынках. В Крыму это был город Судак, Константинополь в Европе, Александрия в Северной Африке.

Работорговля в Западной Европе существовала и в Средние века. Помимо скандинавских викингов, итальянских купцов из Генуи и Венеции, рабов ввозили португальцы. Ирландский город Дублин в одиннадцатом веке был самым крупным невольничьим рынком в Западной Европе. Постепенный переход от рабовладения к крепостничеству продолжался несколько столетий. Рабство было разрешено законом, но христианская церковь активно противодействовала практике порабощения единоверцев в рабов. Мусульманская Испания Аль-Андалус импортировала огромное количество рабов и служила перевалочным пунктом для отправки рабов в мусульманские страны.

Рабство было важной составной частью Османской империи. Османские войны в Европе приносили большое количество христианских рабов. Плененные рабы обращались в ислам и проходили обучение для службы в армии султана. В наложницы султана отбирались женщины, как правило, христианского происхождения. Известный пример Роксолана, любимая жена Сулеймана Великолепного.

В Киевской Руси и России, рабы классифицировались как холопы. Царский указ 1581 года запрещал переход крестьян от землевладельцев без его разрешения. Крестьяне были закреплены за местом обитания и землевладельца. Указом Петра Великого в 1723 году домашние рабы были переведены в крепостные. По сути они были рабами, которых можно было наказывать и продавать.

Рабство в Польше существовало на территории всего Королевства Польского.

В Скандинавии рабство было отменено в 13–14 веках в Норвегии и Швеции.

Британский Уэльс, Ирландия и Шотландия были последними областями христианской Европы отменившие институты рабства. Работорговля в Англии была официально отменена в 1102 году.

Повсеместно рабство переходило в феодальное крепостничество. По сути и в том и другом случае крестьяне являлись подневольными работникам и тяжело трудились на благо своих хозяев. Они были исключены из судебной системы и были собственностью своих хозяев. Рабы не обладали никакой личной собственностью. Крепостным отводились участки земли, на котором они обязаны были трудиться, выплачивая определенный оброк и имели возможность накапливать для себя какие-то излишки. Подобные привилегии не существовали для рабов. Крепостные могли иметь семью, но хозяева могли продать членов семьи другому хозяину. Крепостное право постепенно приходило в упадок. Экономика товарно-денежных отношений и происходившие инфляции подталкивали к денежным выплатам, взамен натурального хозяйствования.

Разорившиеся помещики могли продавать землю крепостным, а следовательно приходило и освобождение от крепостной зависимости.

Отмена крепостного права происходила в разных странах в зависимости от экономического положения. В середине 14 века в Европе разразилась эпидемия чумы, унесшая едва не половину населения. Климат Европы значительно изменился на более холодный и влажный. Недостаток пищи, ослабление иммунитета, многочисленные эпидемии, военные бедствия и гражданские войны вызвали нищету, бродяжничество, антисанитарию, распространение вшей, блох и крыс. Санитарное состояние городов было ужасающим. Эпидемии захватили множество стран Запада и Востока. Чума переросла в пандемию, проникая вместе с кораблями наполненными невольниками. По всей Европе обезумевшие толпы искали виновников пандемии. Евреи превратились в жертвы повсеместной истерии. Массовые погромы, убийства, сжигание на кострах, глумление над трупами стало повседневным явлением. Евреев вешали, жгли, травили собаками, топили в реках.

Не существовало единого мнения по определению причины, вызывающей заражение. Называли некий неизвестный ранее вирус, бациллу сибирской язвы, монгольскую чуму, легочные заболевания.

Эпидемии привели к значительному уменьшению населения. Это принесло изменения в феодальные отношения. Мелкие ремесленники стали принимать людей на работу. Поля, которые засевались зерновыми культурами, превращались в пастбища для скота. Увеличивались налоги и размывались границы между сословиями. В Европе многочисленные бунты и восстания, жестоко подавляемые, привели к переходу от феодальных к арендным отношениям в сельском хозяйстве. Замена крепостничества на оброк оказалось более прогрессивной формой экономически.

Рабство в различных странах мира существует и сегодня. Называют цифры людей находящихся в рабском состоянии, почти 25 миллионов. Конвенцию ООН о запрещении рабства в 1948 году подписали большинство стран мира. В той или иной форме рабство существует в Судане, Мавритании, Гане, Таиланде, Китае, Бразилии и множестве других стран. Торговля людьми выгодный бизнес.

КОЛОНИАЛИЗМ

Крестовый поход провозглашенный во Франции папой Урбаном II в 1096 году, стал началом колониальной политики Франции. Завоевание Иерусалима, обширных территорий Ближнего Востока, страны Сирийского побережья Средиземного моря и страны Северной Африки стали французскими колониями.

Великие географические открытия в XV–XVI веках связаны с желанием стран Европы найти новые пути для торговли с Индией, откуда по общему мнению поступали в Европу специи. Арабы монополизировали эту торговлю и не подпускали к ней чужих.

Наступал XV век. Начинался процесс зарождения капиталистических отношений. Крестьяне превращались в наемных рабочих, а средства производства и денежные богатства – в капитал. По Марксу – эпоха первоначального накопления стала преддверием капиталистической общественно-экономической формации.

Приближалась эпоха Возрождения и Великих географических открытий, конец XV века. Рост товарного производства, недостаток драгоценных металлов заставляет европейцев снаряжать морские экспедиции на поиски новых земель.

1488 г. Португальцы Диегу Кан, Бартоломеу Диаш и другие исследуют западное и южное побережье Африки.

1492—1494 гг. Христофор Колумб открывает Америку, Багамские и Антильские острова.

1497—1499 гг. Васко да Гама открывает морской путь из Западной Европы вокруг Южной Африки в Индию.

1498—1502 гг. Христофор Колумб, Монсо де Охеда и Америго Веспуччи обследуют северное побережье Южной Америки, ее восточный (бразильский) берег и Карибский берег Центральной Америки.

1513—1525 гг. Испанцы пересекли Панамский перешеек и достигли Тихого океана, открыли залив Ла-Плата, полуострова Флорида и Юкатан, исследовали побережье Мексиканского залива, завоевали Мексику и обследовали атлантический берег Южной Америки.

1519—1522 гг. Фернан Магеллан совершил первое кругосветное плавание.

1526—1552 гг. Испанцы Франсиско Писарро, Диего де Альмагро, Педро де Вальдивия, Г. Кесада и Франсиско де Орельяна открыли тихоокеанской побережье Южной Америки.

На монополию в области приобретения новых, неизвестных прежде земель претендовали Испания и Португалия. Папская булла 1454 года отдавала Португалии все земли, которые будут открыты на Африканском континенте. После первого путешествия Колумба короли Испании настойчиво просят папский престол заранее закрепить за ней все земли, которые были ими открыты.

Португальский исследователь Энрике Мореплаватель в ходе морских экспедиций изучал побережье Западной Африки. Португалия в 1420 году захватила остров Мадейра, а затем Азорские острова. В результате многочисленных экспедиций португальцы установили контроль на африканском побережье. В 1520 году португальцы открыли Бразилию. К 16 веку Португалия владела многочисленными колониальными территориями в Индии, островами специй в Юго-Восточной Азии, в районе Персидского залива, территории в Западной Африке. Португалия установила контроль на побережьях континентов и островов, где строились крепости и фактории. Эксплуатация захваченных колоний приносила огромные барыши в казну монархии. Португальцы активно занимались работорговлей, покупая рабов у местных африканских князьков или захватывая рабов силой. Рабы продавались и использовались на плантациях Нового Света и островах выращивая кофе, какао, сахар, табак. Португальцы вывозили золото, серебро, слоновую кость. Они контролировали большинство атлантических невольничьих рынков.

Наиболее известные Португальские конкистадоры (завоеватели) Альфонс де Альбукерке, Филипе де Брито и Никот.

В 1492 году Христофор Колумб открыл Америку. В середине XVI века Испания доминировала на американском континенте. В испанскую королевскую казну хлынули огромные потоки серебра и золота из освоенных колоний. Испанские каравеллы везли полные трюмы новых товаров, ранее неизвестных в Европе. За каравеллами гонялись пираты и Испания создала огромный флот для защиты мореплавателей, назвав это Великой или Непобедимой Армадой.

Испанские колониальные владения распространялись в Северной, Центральной и Южной Америке, В Африке, на островах Карибского бассейна, во Флориде, на Ямайке.

Конкистадоры (завоеватели) Испании: Это были младшие дети в семье. По закону наследования все имущество переходило старшему наследнику. Все остальные сыновья получали шпагу и благословение на завоевание своего места под солнцем.

Эрнан Кортес высадился с группой из 600 человек на территорию нынешней Мексики. Это была могущественная империя ацтеков с многомиллионным населением.

Франсиско Писсаро захватил империю инков, Перу.

Педро де Альварадо, лейтенант Кортеса уничтожил империю майя.

Диего де Алмагро, напарник Франсиско Писсаро, открыл современную Чили.

Гонсало Писсаро, один из трех братьев восставший против испанской власти, был казнен.

В казну испанских королей поступали драгоценные камни, золото, серебро, пряности, жемчуг. Испанские каравеллы переплыв океан заходили в полноводный Гвадалквивир и поднимались вверх до порта в Севилье. Привезенные ценности сдавались в таможню по спискам, сохранившимся и сегодня.

Британская империя стала крупнейшей в мире колониальной державой, контролирующей территории на всех пяти континентах. Английские колонизаторы принимали участие в бизнесе португальцев. Покупали у последних золото, серебро, слоновую кость. Английские корпорации, а также французские, вытесняли португальцев из Африканских колоний. Англия, создав мощный флот стала Владычицей Морей, соревнуясь с Испанией, создавшей Великую Армаду для охраны своих каравелл, везущих из колоний золото, серебро, чай, табак, сырье для производства различных мануфактур. Англия распространила свое управление на Американские Северные Штаты, Канаду, Австралию, Новую Зеландию, Индию, Сингапур, Китай, Ирландию, Германию, Францию и множество других стран. Колониальные владения являлись поставщиками сырья для метрополии. Британские города Бристоль и Ливерпуль стали крупнейшими поставщиками рабов из Африки в Америку.

Англия и Голландия создали союз для вытеснения Португалии из торговли пряностями. Англия закрепилась в Индии, а Голландия преимущество в торговле пряностями с Индонезийского архипелага.

Франция как и большинство европейских стран участвовала в колониальных завоеваниях. Французские колонии из которых в первую очередь можно выделить Алжир на севере Африки. Территории в Западной и Экваториальной Африке. На Мадагаскаре, в Новой Каледонии, Гваделупе, Мартинике, Гвиане, Сенегале, городах в Индии. В Северной Америке французы основали большую колонию Новая Франция, территории во Флориде и Луизиане. Франция владела обширными территориями в Канаде. В ряде островов Карибского бассейна, Французской Гвиане, бассейне Индийского океана. Владела обширными территориями в Азии Африке, Средиземноморье, в Южной Америке, на островах Вест-Индии, в Южно-Восточной Азии и Океании.

Нидерландская колониальная империя. В списке колониальных территорий управляемых созданными Вест-Индской и Ост-Индской компаниями и Северной компанией не входят территории аннексированные Голландией в XIX – XX веках. Соперничала с Британской империей. Уступила Англии территории в Северной Америке, включая Нью Йорк.

В Западной Африке - ряд государств.

В Северной Америке - Новый Амстердам (Нью Йорк).

На Карибах ряд островов.

В Южной Америке - множество островов.

В Южной Азии - территории и острова.

На Дальнем Востоке - множество территорий.

В Южной Африке - остров Маврикий и обширные территории.

Германская колониальная империя сложилась в начале 1880 года. Германский колониальный союз заключил в 1879 году договор с Самоа. Захвачен Камерун, огромная часть побережья Юго-западной Африки, часть Новой Гвинеи, северная часть Соломоновых островов, территории на побережье Восточной Африки. Маршалловы острова, Того, область в Кении, Конго. Территории в Африке, Океании и Китае. После поражение в Первой Мировой Войне все колониальные владения были переданы по Версальскому мирному договору странам победительницам.

Бельгийская колониальная империя создавалась с 1870 года, отделившись от Нидерландов в 1830 году. Территории: Конго (Заир), Руанда-Урунди в Восточной Африке, территории в Центральной Африке, концессия в китайском Тяньцзине, Гватемала в Америке, попытки закрепиться на побережье Бразилии, колония в Аргентине (провинция Энтере-Риос). Попытки закрепиться на Крите, Борнео, Филиппинах, Новой Гвинее, Фиджи.

Швеция владела колонией на севере Америки на берегах реки Делавэр.

Россия не осталась в стороне от завоевание американских колоний. Аляска, Форт Росс. Россия продала Аляску американскому правительству за $7, 2 миллиона золотом в 1867 году. Форт Росс в Калифорнии в связи с убыточностью много раз предлагался на продажу. Форт Росс переходил из рук в руки. Калифорнийское землетрясение в 1906 году разрушило все, кроме дома последнего коменданта.

Открытие Американского континента привело к расцвету работорговли чернокожего населения из Африки. Основные рынки работорговли располагались в Марокко, Алжире, Триполи, Каире, Генуе, Венеции. Морской город Лагос, Португалия, где продавались африканские рабы, был открыт еще в 1444 году.

Рабство в различных странах мира существует и сегодня. Называют цифры людей находящихся в рабском состоянии, почти 25 миллионов. Конвенцию ООН о запрещении рабства в 1948 году подписали большинство стран мира. В той или иной форме рабство существует в Судане, Мавритании, Гане, Таиланде, Китае, Бразилии и множестве других стран. Торговля людьми выгодный бизнес.

Колонии в Северной Америке

Французские: Канада, Современные Новая Шотландия и Нью-Брансуик, Луизиана и Иллинойс

Испанские колонии: Флорида, Калифорния, Нью-Мексико.

Нидерланды: Владели колонией на территории современного штата Нью Йорк.

КОЛОНИЗАЦИЯ АМЕРИКИ

Открытие Америки Христофором Колумбом позволило Испании превратиться в крупнейшую колониальную империю. Практически вся Южная Америка, за исключением Бразилии заговорила по-испански. Огромные доходы от новых колоний наполняли королевскую казну. Многочисленные миссионеры хлынувшие в новые колонии строили храмы, распространяя христианство, причащали местное население в новую веру. В Северной Америке Испания владела Калифорнией.

В начале XVII века английские колонисты, получив лицензию от короля Джеймса I основали колонию в Виргинии. В мае 1607 года в Чесапикской Бухте был построен форт, названный Джеймстаун. Основным доходом новой колонии стало производство табака. Колонисты приобрели группу африканских рабов. С этого момента ведется отсчет истории рабовладения в Америке. Здесь было заложена одна из основных причин крушения будущего лидера свободного мира, но тогда никто не мог предполагать ни великого будущего, ни причин его крушения.

Начало колонизации Англией Нового Света ведет свой отсчет с прибытия корабля «Мейфлауэр» с 102 пуританами-кальвинистами в сентябре 1620 года. Эта первая колония Новой Англии, за которой последовали многочисленные переселенцы-пуритане основавшие множество поселений. За последующие четверть века образовались еще 13 колоний. Это уже были представители различных национальностей и верований. Колонии добились больших успехов в производстве промышленных товаров и постройке судов.

Метрополия желала видеть в колониях только сырьевой придаток и запрещала строить корабли. Все товары должны были перевозиться на британских судах и все товары для колоний должны грузиться только в Британии. Недовольство колонистов политикой метрополии все чаще выливалось в желание обрести независимость. Бенджамин Франклин в 1754 году предложил проект создания союза североамериканских колоний с собственным правительством. Возглавлять этот союз предполагалось президенту, назначенному английским королем. Такой проект не нашел поддержки у британского парламента.

Война между Францией и Англией (1754–1763), названная Семилетней войной, начавшаяся в Европе перекинулась в американские колонии. Военный опыт полученный ополченцами принимавшими участие в боевых действиях пригодился в ходе войны за независимость. Колонисты возмущались новыми налогами в пользу метрополии.

Постоянные стычки между колонистами и королевскими военными привели к вооруженному сопротивлению. Депутаты конгресса 13 колоний собравшихся в Филадельфии в мае 1775 года решили начать мобилизацию ополчения, которое возглавил Джордж Вашингтон. Повстанцы захватили Бостон и отошли к Нью Йорку.

В 1773 году группа смельчаков проникли на три английских судна в Бостонской гавани и выбросили за борт 342 ящика с чаем. Этот «Бостонское чаепитие», названное так впоследствии, вызвало репрессии, запрещение морской торговли и роспуск законодательных собраний.

4 июля 1776 года депутаты 13 колоний приняли Декларацию независимости. Колонии Великобритании в Северной Америке объявили о создании самостоятельного государства – США.

Война за независимость или как еще ее называли Американская революция продолжалась с 1775 года по 1783 год. В войне на стороне колоний против британской короны выступали множество стран Европы. 3 сентября 1783 года Великобритания признала независимость США. Победа колониальных, а отныне независимых штатов над крупнейшим королевским содружеством имела далеко идущие последствия. Декларация независимости возвестила о новой эре отношений, став по сути первым в истории документом где объявляются естественные легитимные права свободного и независимого государства: все люди созданы равными... право на жизнь, свободу и стремление к счастью.

Это происходило тогда, когда все государства Европы находились под властью монархов. Декларация прав человека, документ Великой французской революции положил начало всех революционных движений последующих веков. США стало первым государством где правительство выбирается демократическим большинством голосов населения. Принципы государственности заложенные Отцами Основателями служили не одно столетие балансом отношений власти и народа его выбиравшего.

То, что при создании этой страны не были учтены вопросы рабовладения, которые со временем качнули маятник, грозящий разрушить кажущееся равновесие, предлагались к осуждению, но было отвергнуты большинством.

Томас Джефферсон возглавлявший комиссию пяти членов по подготовке текста Декларации независимости включил раздел, в котором осуждалось рабство и работорговля. Этот раздел был вычеркнут по требованию представителей Южной Каролины и Джорджии. Многие из них были рабовладельцами. Было решено отложить решение этого вопроса на 20 лет, для следующего поколения. Вероятно, именно это ошибочное решение заложило мину замедленного действия, которая рано или поздно приведет страну к распаду.

Мир разделился навсегда между прошлым и настоящим. Продекларированное равенство человека на жизнь, свободу, стремление к счастью является неотъемлемым правом каждого. Население страны путем свободного голосования выбирало представителей власти на определенный срок. Династическая деспотия власти сменилась волей свободных граждан, выбирающих наиболее достойных руководителей из своей среды.

Конституция США принята на Конституционном Конвенте в Филадельфии 17 сентября 1787 года. Ратифицирована тринадцатью американскими штатами входившими в союз. В основе Конституции США принцип разделения исполнительной, судебной и законодательной властей. Впоследствии к Конституции было принято 27 поправок.

Отцы основатели заложили целый ряд защитных механизмов, которые многие годы не позволяли стране зайти в политический тупик. За почти четверть тысячелетия истории страны приходилось конституцию дополнять 27 раз, вводя в неё всё новые поправки, что обеспечивало стране стабильность и процветание.

Существует множество избитых фраз и выражений, употребляемых в определенных жизненных ситуациях. Еврейскому царю Соломону приписывают фразу, которая якобы была начертана на его перстне: — всё проходит и это пройдет. Следующая фраза также приписывается царю Соломону: — ничто не вечно под луной. Евреи жили и живут по лунному календарю, поэтому фраза не удивляет. Вся история Гомо сапиенс и события XXI подтверждает эти Соломоновы изречения.

Отцы Основатели Американской конституции пытались предусмотреть любые обстоятельства, которые могут помешать еще совсем молодому государству избежать ошибок и потрясений. С одной стороны была опасность возникновения диктатуры, а с другой, перевес одной из партий и нарушения баланса в управлении страной. Идея сдержек и противовесов была тщательна продумана и закреплена в конституции. Разделение властей на: законодательную, исполнительную и судебную распределяла ответственность между ветвями власти, предотвращая концентрацию власти путем обеспечения этих самых сдержек и противовесов. Демократические свободные выборы представителей законодательной и исполнительной власти гарантировали политическую свободу, поскольку каждая ветвь имело право проверять или ограничивать другие ветви от возможности стать верховной властью. Сменяемость исполнительной власти (президент должностное лицо, избираемое на четыре года), в отличие от Верховной судебной власти. Судьи Верховного суда имеют пожизненное назначение и могут оставаться на своем месте, пока не пожелают добровольно уйти на пенсию, что делало их независимыми и не подчиненными никакому давлению.

Президент США избирается сроком на 4 года всенародным голосованием. Действующий президент может переизбираться на второй срок. Выборы главы государства всегда сопровождаются обострением противостояния между двумя основными партиями, демократами и республиканцами. Подобное противостояние чревато опасностью кризиса для страны, возможными народными волнениями. Создан орган, коллегия специальных выборщиков от каждого штата, которому делегировано избирательное право избрания президента. Победитель получает все. Голоса выборщиков штата получает тот, кто набирает большинство голосов избирателей в данном штате.

Законодательная власть принадлежит двухпалатному Конгрессу США. Сенат и Палата представителей штатов. Эта ветвь власти состоит из избираемых штатами представителей по определенной схеме. Ее члены ограничены сроками, но могут переизбираться бесчисленное количество раз.

Поскольку источником власти является народ – естественно от его выбора зависит состав палат Конгресса США. Штаты выбирают своих представителей в законодательную ветвь власти и только от живущих в данном штате зависит какой кандидат будет избран.

Отцы Основатели дебатируя над конституционным формированием законодательной власти исходили из принципа народовластия, как основы для определения состава Конгресса. Верхняя палата Конгресса – Сенат состоит из представителей (от каждого штата два сенатора) избираемых на шесть лет . Члены нижней Палаты представителей (количество представителей пропорционально количеству населения каждого штата, избираются на два года, кроме того есть шесть представителей без права голоса), избираются народом. Больше всего Отцов Основателей беспокоила возможность сосредоточения власти в одной из ветвей. Такой перевес мог привести к диктатуре и тирании.

Естественно существовали опасения что найденные компромиссы могу привести к отрицательным результатам. Общество было еще очень молодо и Отцы Основатели этой страны не могли предвидеть результаты законотворчества. Это можно было определить только с позиции прошедшего времени. Это общественная формация, уникальный эксперимент в истории Гомо сапиенс. То, что подобная конституция позволила обществу выстоять и сохраниться без особых потрясений до настоящего времени, одно это достойно одобрения и восхищения. Люди населявшие эту страну были пионерами. Они хотели свободы для себя и своих детей. Они не ждали подачек ни от кого. Они осваивали землю этой страны и создавали ее будущее. Они знали что могут полагаться только на себя. Желание создавать что-то своё, равные возможности для всех, вложенный труд, свобода предпринимательства позволили создать людям этой страны успешную и счастливую жизнь.

Как случилось, что именно эта страна стала самой могучей страной в мире, лидером и гарантом демократических свобод и прав человека, за исторически небольшой срок. Ответ лежит на поверхности, хотя многие не хотят в это верить. Все население нашей планеты, вид Гомо сапиенс проделал один и тот же путь, но различные идеологии, религии и пути развития привели к различным результатам. Существуют передовые современные страны, с благополучным населением, демократическими свободами и развитой экономикой, наряду с полной противоположностью. Достаточно взглянуть на Южную и Северную Кореи, Саудовскую Аравию и Иран, современную Россию и страны Восточной Европы. Этот ряд можно продолжать, но и так понятно, что идеологии или религии, делают одни народы счастливыми, а другие несчастными.

США выбрали свой путь. Эта уникальная страна построена энтузиастами, иммигрантами искавшими свободу, права человека и возможность строить свою судьбу. Они не ждали помощи ни от кого. Они были частными предпринимателями, подчас ставившими на карту свою жизнь, рисковавшими каждую минуту погибнуть от болезней, голода, стрелы индейцев, пули бандитов или зубов диких хищников. У них был шанс, победить или умереть. Именно они, предприниматели, построили эту страну, которая в благодарность сделала их американцами.

Они не подозревали что в благополучие этой страны заложены мины замедленного действия, которые разрушит все, что создавалось почти 250 лет. Одной из таких мин было рабовладение. Рабство было отменено в США в декабре 1865 года после окончания Гражданской войны. Однако проблема расовой дискриминации не исчезла.

Десегрегация темнокожего населения страны требовала значительного времени, средств, специальных решений Верховного суда и многотысячных движений за гражданские права темнокожего населения страны. Ничего не проходит бесследно. Никакие благие намерения, поправки к законам, запреты и призывы не могут мгновенно изменить традиции, сложившиеся веками.

Расизм наоборот породила система сегрегации темнокожего населения, ещё существовавшая в 60-х годах прошлого века. Расовые проблемы никуда не исчезли. В XXI веке этническая напряженность проявлялась во многих городах страны. Декларируемое равенство рас, полов, меньшинств воспринималось как слабость белого населения. Никакие подачки в виде преимущественного права при поступлении на работу или учебу в высших учебных заведениях не устраивала чернокожее население и другие меньшинства. Они не хотят просто равноправия, они требуют возмездия за годы рабства и унижений. Они требуют от белого населения не просто извинений, они требуют отдать им эту страну, поскольку они считают что эта страна построена ими и справедливым решением будет перераспределение нажитого экономического богатства среди тех, кто эти богатства создавал.

Эта страна построена на крови и поте чернокожих рабов, привезенных насильно, в кандалах, как диких животных, - утверждают лидеры различных чернокожих движений. Массовые протесты этих движений направлены против стражей правопорядка. Чернокожие гораздо чаще чем остальные группы населения оказываются за решеткой. Они уверены что за этим стоит обыкновенный расизм. В США чернокожее население составляет 12–14% от всего населения, а статистика тяжких преступлений совершенных афроамериканцами достигает 50%.

Движения БЛМ, АНТИФА и другие подобные формирования требуют устранения полиции, как основное решение проблемы.

КАПИТАЛИЗМ

Капитализм, как и любая другая форма социально-экономической системы производства товаров, требует рабочие руки. Естественная цель любого бизнеса извлечение прибыли. При отсутствии подобного стимула бизнес существовать не может. Естественно подобное сообщество разделилось на классы. Высшую ступень заняли люди добившиеся значительного успеха и заработавшие значительный капитал. За ними шли менеджеры различных уровней, получавших высокое вознаграждение и бонусы компаний в которых они работали. Затем политики, чиновники правительственных учреждений, талантливые люди в различных областях искусств, спортсмены добившиеся значительных успехов, судьи, адвокаты и множество других людей занятых в важных и нужных отраслях хозяйства страны. На нижней ступени социальной лестницы находились те, кто работал по найму.

Шло время и в страну прибывало все больше и больше иммигрантов, прослышавших о необыкновенных возможностях в этой новой Земле Обетованной. Вновь прибывшие тоже хотели свобод и возможностей. Как и в любом сообществе, были люди осознававшие степень риска и возможность неудачи на незнакомой земле. Они рискнули всем, оставили всё, что имели на оставленной родине. Родных, друзей, имущество, устоявшийся быт и определенное положение в обществе. Все это осталось в прошлом. Впереди была неизвестность, другой язык, другой быт и незнакомые люди. Они верили в свою фортуну и были готовы на любых условиях пробиться и найти свое место на этой земле.

Разумеется среди них были авантюристы, бездельники, лодыри, люди с криминальным прошлым и просто слабые духом и здоровьем люди. Обществу потребовались законы для защиты потерпевших неудачу или не сумевших найти себе место в этой стране. Бесплатные блага всегда привлекали множество людей и это происходило там, где бескорыстно помогали, не требуя взамен даже благодарности. В страну потянулись массы просителей, которые уже не просили, а просто настаивали на своих правах, обозначенных в законах. Чем больше бесплатных поблажек в виде социального жилья, продуктовых купонов на еду, бесплатной медицины, бесплатного обучения и вершина наивного гуманизма, преимущественные права в социальной структуре общества, раздавались бесплатно, тем больше людей стремилось этим воспользоваться. Ничто так не развращает, а наоборот приводит к еще большим требованиям любые поблажки и предпочтения.

Поскольку блага полагаются по закону, пропадает смысл тяжело пробиваться наверх, а в результате получить меньше. Создаются целые районы, а то и города, где живут люди получающие пособия. Там растут дети, уже подготовленные средой к восприятию подобного образа жизни, не желающие бороться за свое место в обществе. Наркотики, алкоголизм, преступность, домашнее насилие, бесперспективное прозябание делает эти гетто средой, которой легко управлять, обещая новые поблажки и предпочтения. Белое население подобных районов презрительно называли white trash – белый мусор.

Естественно существуют районы городской бедноты, различных меньшинств, людей живущих на пособие. Подобная среда, имея право голоса, инстинктивно выбирает худших, беспринципных и лицемерных политиков, потакающих желаниям подобных сообществ. Преобладающую массу населения подобных районов составляют различные меньшинства.

Такие места проживания малообеспеченных слоев населения представляют идеальную среду для представителей Демократической партии США. Старейшая партия страны, основанная Томасом Джефферсоном. В середине XX века партия заметно стала сдвигаться влево в политической палитре, объединяя социально-либеральные и социал-демократические идеологии помощи малообеспеченным и незащищенным группам во всем мире. Демократическая партия выступает за увеличение расходов на социальные нужды, повышение налогов на богатых и крупные корпорации, борьбу с загрязнением окружающей среды, поддержку любых меньшинств, планирование семьи, ограничение свободной продажи оружия в США.

Вторая половина XX-го века отмечена всплеском либерализма по всему миру и во всех областях социума. Победные демонстрации разного рода меньшинств требующих права и свободы для выражения своих взглядов, изменений социальных и конституционных законов в соответствии с высказываемыми претензиями. Различные меньшинства громко требуют соблюдения их прав.

Среди них выделяются феминистические, этнические, расовые, сексуальные, националистические, религиозные. Выросла как легальная, так и нелегальная иммиграция в США. Счет шел уже не на тысячи а на миллионы новых граждан. Пресловутый плавильный котел пыхтел на всех парах, в наивной уверенности выплавить единую монолитную нацию, готовую тяжело и много работать, создавая мечту человечества – рай одинаковых возможностей для каждого индивидуума. Теоретически это была блестящая идея. Проблема заключалась в самом виде Гомо сапиенс. С момента построения первого очага цивилизации около 5 тысяч лет назад, этот вид разделился на классы. Одни повелевали, а другие исполняли приказы. Так было и во времена общинно-первобытного общества. Доминантные жестокие вожаки повелевали и наказывали не проявивших должного почтения или просто не угодивших вождю.

Наши предки, человекообразные обезьяны относятся к одним из самых жестоких видов животных. Став людьми мы потеряли свирепость, но доставшаяся от предков лимбическая система, может превалировать в период определенных обстоятельств. Например во время пубертатного периода. Он сопровождается физиологическими и психическими изменениями в организме человека, заставляя подчиняться природному инстинкту, размножению.

Вся история человечества от создания первых очагов цивилизации до дня сегодняшнего отмечена кровавыми войнами, порабощениями одних другими, крайней жестокостью и нетерпимостью.

Век XX-й принес не только две кровавые мировые войны, но еще более кровавые гражданские противостояния, подожжённые революционерами-марксистами, восторженно встреченные лево-центристскими настроениями общества. Европа, стараясь не уступать Америке в либерализме широко распахнула двери беженцам из стран Ближнего Востока и Африки.

Демография населения за четверть тысячелетия кардинально изменилась. Демократия стала главенствующей идеологией – религией. Демократы сдвинувшиеся далеко влево в политическом спектре превратились в нео-демократов, крайне радикальных, близких к социалистам в своем видении переустройства мира. Казалось бы, идеи марксизма опробованные в разных станах: России, Китае, Северной Корее, Вьетнаме, Кубе, Венесуэле доказали нежизнеспособность, а скорее опасное сползание к тоталитаризму, уничтожению любых свобод и разрушению экономики, но ничему не научившееся вид

Гомо сапиенс в лице нео-демократов жаждет власти для повторения провальной социалистической идеи.

Томас Джефферсон предупреждал: "Democracy will cease to exist when you take away from those who are willing to work and give to those who would not.»
Демократия перестанет существовать, когда вы отберёте у тех, кто готов работать и отдадите тем, кто не хочет.

Соблюдению демократических свобод может угрожать концентрация в законодательной власти представителей, готовых подчиниться требованиям неустойчивых масс общества.

XXI ВЕК - ПРОТИВОСТОЯНИЕ

Вид Гомо Сапиенс, изобрел оружие массового поражения и смертоносные вирусы, способные истребить всё живое. Осознанная опасность, грозящая самому существованию нашего вида и последствия разрушительных мировых войн двадцатого столетия, привела к созданию ООН, заменившую Лигу Наций, созданную после Первой Мировой Войны. Это международная организация призвана предотвратить кровопролитные потрясения и помогать тем, кто в силу сложившихся обстоятельств неспособен справиться со своими проблемами. Как это уже не раз бывало в истории, подобные организации становятся кормушками для политиканов и инструментами давления на участвующих в финансировании подобных организаций.

Страны и континенты по-прежнему раздираемы противоречиями и мир на нашей планете может взорваться по прихоти или тупой амбиции какого-либо правителя, владеющего оружием массового поражения.

Двадцать первый век нашей эры может оказаться самым чудовищным, а возможно и самым разрушительным для вида, Гомо сапиенс. Возможно всей планеты в целом. В чём причина такого пессимистического прогноза? Их множество и мы рассмотрим все по порядку.

Год 2020 останется в памяти поколений, как год пандемии коронавируса, потрясший практически все население планеты. Хотя его нельзя сравнивать с пандемией начала XX столетия «испанкой», унесшей за два года более 50 миллионов жизней. Масштабы потрясений в мировой экономике и количество стран охваченных в короткий срок пандемией Ковид-19, показало наивному виду Гомо сапиенс, насколько эфемерна его защита перед вызовами природы, вероятными человеческими ошибками или целенаправленными военными разработками. Неожиданная пандемия продемонстрировала как хрупка жизнь любого человека в отдельности, так и населения планеты в целом.

К середине 2020 года всего заразившихся составляло 22, 4 млн, при 788 тысяч умерших. Самое тревожное обстоятельство заключалось в том, что ученые пока не смогли подготовить не только вакцину, способную предотвратить заражение, но и действенное лечение новоявленного вируса, способного почти мгновенно распространяться по странам и континентам. Закрылось все, что могло закрыться. Население земли одело маски, дезинфицировало всё, что можно было подвергнуть дезинфекции. Ушли в глухой карантин все страны, оставив минимум магазинов продающих еду и аптеки, без чего население планеты не может обойтись. Такие радикальные меры вероятно принесли ожидаемые плоды, но вызвали побочные эффекты, которые могут оказаться страшнее, самой пандемии. Разрушение экономик практически во всех странах планеты разорило и обанкротило не только небольших предпринимателей, но и гигантов экономики, вынужденных уволить сотни тысяч, а то и миллионы своих сотрудников по всему миру и закрыть свои двери навсегда. Многие сферы деятельности населения, без которых современное человечество не представляло как можно обойтись, оказалось ненужным. Финансовая поддержка правительств богатых стран, выделяющих населению напечатанные деньги, не в состоянии разрешить проблемы населения, не уверенного где и на что они будут жить завтра.

Более половины населения планеты проживает в городах. Урбанизация — рост городского населения происходит вследствие поиска населением лучших жизненных условий для себя и будущего своих детей. В современном мире цифровой экономики города представляются идеальным местом для комфортного проживания.

Работа, городской транспорт, инфраструктура с системами водоснабжения и канализацией, здравоохранение, возможность аренды или приобретения жилья с многолетней рассрочкой выплат, школы и детские учреждения. Всё это связанно с желанием современного человека получать удовольствие от жизни, проводить праздно время в барах, ресторанах, разнообразных торговых центрах, магазинах, театрах или просто гуляя по красивым освещенным улицам с нарядными беззаботными людьми. Все эти блага цивилизации делают жизнь в городах привлекательной.

В условиях городской жизни всегда существует возможность найти новую, более привлекательную и лучше оплачиваемую работу. Найти новое жилье или освоить другую профессию. Иногда происходили серьезные экономические катаклизмы. Работодатели разорялись и увольняли всех, кто работал в данной фирме. Социальные условия, гарантирующие пособие по безработице в течение определенного времени или помощь в освоении новой профессии позволяли пережить временные трудности. В городских условиях можно было открыть небольшой семейный бизнес.

Поначалу не нанимать работников. Работать тяжело и долгие часы, пережить временные трудности. Имея четырех-дверную машину можно заниматься легально или нелегально частным извозом. Главное иметь желание и не опускать руки. Не бояться никакой, даже самой грязной и непрестижной работы. В городе всегда нужны рабочие руки.

Вместе с этим, социальные блага предоставляемые управлениями городов всегда привлекали людей, которые использовали различные уловки для получения различных благ. Социальное жилье для неимущего населения, пособия для отдельных слоев, помощь добродетельных общественных фондов, влиятельных политиков делающих ставку на подобные слои населения и пробивающие через правительственные учреждения специальные фонды для поддержки не сумевших или не захотевших вписываться в общепринятые правила проживания в обществе.

Города всегда привлекали нелегальный бизнес, где можно найти неустойчивых, зависимых, опустившихся людей или унаследовавших патологии от своих родителей, зависимых и готовых на любое преступление для получения желаемой дозы наркотиков.

Наркомания и токсикомания приводит к разрушению организма и слабоумию. Организованная преступность – наркомафия - является крупнейшей формой преступности, зарабатывающая миллиарды долларов на зависимости опустившихся людей. В городах образуются целые районы опустившихся психически нездоровых людей, живущих на улице и не желающих селиться в местах созданных городской администрацией для бездомных. Они питаются подаянием или ожидают подвоза обедов филантропических или городских групп в местах скопления бездомных и наркоманов.

Среди подобных групп населения существуют немощные люди престарелого возраста, множество явно больных людей, страдающие различными физическими или психическими недугами и хроническими заболеваниями.

Во многих странах ранее существовали законы, квалифицировавшие бродяжничество и попрошайничество противозаконным и асоциальным явлением. Нежелание работать, бродяжничество, проживание в общественных местах, парках, общественном транспорте, считалось нарушением установленного порядка и могло повлечь наказание в виде лишения свободы. В просвещённый либеральный XXI век, подобный образ жизни не оспаривается и не осуждается. От граждан требуется соблюдение прав свободного человека.

Городское население оказалось наиболее пострадавшим от пандемии коронавируса. Закрывшиеся бизнесы и офисы выплеснули на улицы миллионы людей, строивших свои жизни на возможности работать и зарабатывать достаточно для обеспечения определенного уровня жизни и обеспечения старости. Экономические потери в связи с пандемией понесли предприниматели в сфере услуг, туризма, питания, развлечений и все что связанно с этими бизнесами. Те, чьи доходы зависели от объема предоставляемых товаров или услуг, закрылись все и сразу. Любые массовые зрелищные или спортивные мероприятия запрещены. Никакой лазейки или возможность найти применение своим талантам или знаниям просто перестала существовать. Выжили те, кто удаленно, то есть находясь дома, мог выполнять работу используя компьютер.

Правительства практически всех стран объявили карантин и запрет на выезд или въезд в страну. Такое решение подрывало основы экономики, но казалось спасало население. Опыт предыдущей пандемии, испанки в начале XX века показал, спасение населения благоприятно сказалось на восстановление экономики. Насколько это правильное решение принятое практически всеми странами мира может подтвердить только будущее.

Рухнул мир. Социальное положение, создававшееся поколениями растаяло, унеся в пропасть уверенность в завтрашнем дне, надежды на обеспеченную старость, стабильность привычного уклада жизни, потерю накоплений. Привычка жить взаймы, когда кредит казался решением всех социальных и жизненно важных проблем.

С потерей работы или бизнеса, пришла реальная угроза утраты жилья, невозможность оплаты кредитов, разрушение семей, банкротство и бессильное отчаяние. Неизвестное будущее, страх за детей, реальная угроза стать еще одной жертвой смертельно опасного вируса толкало людей на протест против власти, пытающейся денежными подачками и заверениями в ближайшее время разрешить ситуацию.

Проблема была не во власти. Стихийные бедствия и войны постоянно случались на этой планете, не реже чем каждые сто лет. В случае локального стихийного бедствия мобилизовались все силы страны для ликвидации последствий и помощи пострадавшим. В случае войны был враг, которого необходимо победить ценой неимоверных усилий и жертв среди населения. Эта пандемия обрушилась одновременно на все страны и континенты. Никто во всем мире не оказался готов к такому вызову. Не оказалось лекарства для лечения и вакцины для иммунитета против заражения. Вся медицинская наука земли не способна создать лекарство и вакцину завтра. Это требует времени и длительные испытания на живых людях. Рано или поздно ученые смогут найти способы бороться с этим новым вирусом. Рукотворным или природным. Альтернативы нет. Выжить или умереть. Человечество пережило черную оспу, холеру, бубонную чуму, испанку, сифилис, туберкулез и множество других заразных заболеваний уносивших миллионы жизней. Гомо сапиенс выжили, существует надежда выжить и в этот раз.

РАБСТВО В США

В США работорговля процветала с момента основания в 1776 году. К 1860 году в США насчитывалось четыре миллиона рабов. Норфолк и Новый Орлеан были важными национальными невольничьими рынками, наравне с рынком в Чарльстоне, Южная Каролина.

В США большинство рабов составляли чернокожие африканцы, насильно вывезенные работорговцами из Африканского континента. Английские колонисты завезли в Виргинию первых невольников в 1619 году. Английский парламент в 1698 году узаконил работорговлю для частных лиц. Рабский труд чернокожих привезенных из Африки широко использовался на плантациях, табака, кофе, кукурузы, риса, сахарного тростника, хлопка, овощей, животноводства.

Гражданской войне предшествовало движение белых протестантов Севера, выступавших за отмену рабства. Протестанты провозглашали идею рабства противоречащей Библии.

Эту войну 1861-1865 годов также называют войной

Севера и Юга. Причины войны лежали в экономической сфере. На севере станы были расположены различные промышленные предприятия, где были заняты иммигранты из различных стран. Северные штаты нуждались в сырье, особенно хлопке. Южные штаты владели огромными плодородными плантациями, на которых трудились чернокожие рабы из Африки. Плантаторы хотели продавать свои товары в Европе, где цены на сырье были выше.

Основное разногласие было связано с дальнейшим развитием страны. Южане хотели свободы и независимости от верховной власти и правительства страны. Север стремился подчинить все штаты центральной власти и исполнения законов. США присоединяли все новые территории и возникали вопросы конституции каждого нового штата, каким он будет - рабовладельческим или свободным.

Республиканская партия, образованная в1854 году, привела на выборах президента страны в 1860 году Авраама Линкольна, убежденного противника рабовладения. Южные штаты один за другим голосовали за выход из союза и образовали Конфедерацию Штатов Америки. Линкольн объявил южные штаты мятежниками и призвал добровольцев вступать в армию. Гражданская война на суше и на море велась с переменным успехом.

30 декабря 1862 года Линкольн подписал «Прокламацию об освобождении рабов». Война окончательно определила цель северян, отмена рабства. Генерал южан Ли одержал несколько блестящих побед и намеревался

окончательно разбить северян в решительном сражении. Последние одержали серьезную победу при Геттисберге в июле 1863 года. К весне 1865 года армия южан была окружена и сдалась федеральной армии под командованием генерала Гранта.

Эта война стала самой кровопролитной в истории США. Убитых и умерших от ран с обеих сторон более 620 тысяч человек. Запрещение рабства было закреплено 13-й поправкой к Конституции США. С освобождением громадного количества рабов возник вопрос что делать со всем этим населением. Американское колонизационное общество основанное в 1816 году занималось поддержкой свободных афроамериканцев, решивших вернуться в Африку. Общество помогло основать колонию в Либерии. Сторонники переселения освобожденных американских рабов, аболиционисты и часть рабовладельцев которые хотели избавиться от освобожденных рабов. Они осознавали потенциальную угрозу основам существующего общества. Они верили, что чернокожее население будет иметь множество возможностей и более благоприятную среду в Африке нежели в Америке. Тысячи чернокожих свободных граждан переселились из Америки в Либерию.

С окончанием гражданской войны и отмены рабства количество свободного чернокожего населения существенно выросло. Решение этой непростой проблемы многие видели в эмиграции. Конгресс США выделил $100 тысяч для организации ACS (помощь афроамериканцам, решившим переселиться в Либерию.) Деньги также выделяли законодательные собрания нескольких штатов. Общество просуществовало много лет, но идея переселения в Африку не нашла поддержки у большинства афроамериканского населения страны.

В июле 1868 года была принята 14-я поправка к конституции США, предоставление гражданства любому лицу родившемуся на территории США. Что автоматически провозгласило равенство всех граждан страны, независимо от цвета кожи.

Тем не менее существовала сегрегация в виде раздельного обучения, воспитания, разграничения мест в общественном транспорте, в местах общественного пользования (кафе, рестораны), в военных подразделениях и т.д.

Верховный суд США в 1954 году вынес решение о юридическом запрете на расовую сегрегацию. Закон о гражданских правах был предложен президентом-демократом Джоном Ф. Кеннеди. После его убийства в ноябре 1963 года этот закон был выдвинут новым президентом Линдоном Б. Джонсоном. Палата представителей Конгресса США приняла законопроект 10 февраля 1964 года. Закон о гражданских правах был подписан президентом Джонсоном 2 июля 1964 года.

В 1964 году принята 24-я поправка к Конституции, запрещающая дискриминацию по признаку расы, цвета кожи, религии, пола, национального происхождения и сексуальной ориентации. Эта поправка позволяла голосовать каждому гражданину страны, независимо от того, платит человек налоги или нет. Закон об избирательных правах 1965 года отменил большинство требований к голосованию, помимо гражданства.

ПОСЛЕДСТВИЯ РАБСТВА

Столетия рабства и многовековая колониальная политика вырастили плоды социал-коммунистического мышления среди многочисленных слоев общества. Покорив континенты и страны, колонизаторы принесли цивилизацию в виде ограбления коренных народов, рабства и насильственно навязывания религиозного верования для проживающего там населения. Естественно все это вызывало сопротивление колонизаторам. Последние ответили уничтожением всех тех, кто несогласен с диктатом новых хозяев. Исчезли целые цивилизации и народности, а оставшиеся приняли ценности христианского мира.

В страны колонизаторов хлынули потоки ценностей, среди которых выделялись золото и серебро. Печатание такой массы золотых и серебряных монет вдохнуло новую экономическую струю, позволившую создавать новые виды сферы производств. В Британской империи 15-16 веках произошла аграрная революция, что в конечном итоге привело к революции промышленной. Фермеры вводили новую агротехнику и агрокультуру, применяя паровые машины, плуги и улучшая дренажные работы при помощи новой техники. Развитие сельского хозяйства стимулировало создание промышленности. Спрос на изделия, необходимые для ведения войн обеспечивал рынок сбыта. Новые технологические возможности, машины и механизмы вывели на новый уровень хлопчатобумажную промышленность. Изобретение паровой машины широко применялось в различных отраслях промышленности, машиностроении, угольной промышленности, станкостроении, судостроении, транспортных средств. Появившиеся фабрики создали условия к появлению промышленной революции.

Все это требовало крупных капиталовложений, свободной рабочей силы и наличия рынка для потребления производимой продукции. Промышленная революция привела к изменению классового состава населения. Индустриальные города создавали жилищные комплексы, больше напоминающие трущобы для бедноты. Механизация производств сокращала рабочие места и существенно снижала заработную плату. Все эти условия приводили к созданию различных стачечных движений и сопротивлению. Урбанизация превращала население страны в неимущих рабочих, зависимых от заработной платы. Потеря трудоспособности приводила к нищенствованию.

Марксизм появился не вдруг. Ему предшествовали различные утопические теории перестроения мира, радеющие о всемирном благе и равенстве всех, кто относиться к разумным существам. Теория Маркса о вооруженном захвате власти указала практические пути, которыми воспользовались марксисты-последователи.

Революции случались и до появления марксизма. Династическая абсолютная монархия устарела и неизбежно должна была смениться новой формой правления. Голландская революция 16-17 века против испанского владычества привела к созданию первой в Европе буржуазной республики.

Английская революция 1640-1688 годов ограничила права монарха.

Американская революция 1775-1783 годов создала Декларацию независимости США.

Великая Французская революция 1789 года породила Декларацию прав человека.

Во Франции в 1830 году произошла новая революция, просто поменявшая династию.

Европейская революция 1848 года охватила множество Европейских стран. Италию, Германские государства, Австрию, Румынию, Пруссию. Монархия уступала место республикам, где принимались новые конституции.

В России первая революция произошла в 1905 году. Народ получил свободу слова и выборы.

В России в 1917 году произошла Февральская революция. В Октябре власть в стране захватили марксисты во главе с Ульяновым-Лениным.

В 1918 году произошли революции в Германии и Австрии.

Мы знаем из истории чем закончились все эти революции. Великая Французская и Российская большевистская закончились кровавой вакханалией и террором. Германская Веймарская республика привела к власти самого кровавого тирана в истории – Гитлера.

Остальные европейские революции принесли своим народам конституционные свободы и гражданские права.

ВЫБОРЫ В США 2020

В 2020 году США оказались перед революционной ситуацией, готовой разрушить весь конституционный устой страны, позволившей этой стране стать лидером свободного мира, гарантом демократических свобод и равноправия граждан эту страну населяющих. Система установленная Отцами Основателями и Конституция США удерживали эту страну от потрясений и революций. Главное опасение тех, кто основал эту страну, не допустить сползание к тирании, сосредоточив всю полноту власти в руках одной ветви власти. Периодичная выборность, разграничение властных полномочий и ограничение двумя 4-х летними сроками пребывания президента у власти гарантировали легальную преемственность. Демократические выборы президента и членов палат Конгресса придавали системе устойчивость почти четверть тысячелетия.

Как оказалось система устарела. Она была не рассчитана на побочное влияние истории этой страны и ее демографические изменения. Смешанное сообщество, где одни считают себя ущемленным в правах и требуют особого к себе отношения, где различные меньшинства требуют преимуществ, где идеологии построения общества прямо противоположны и непримиримы, такое общество нежизнеспособно, но готово отстаивать свою правоту любой ценой, вплоть до вооруженного сопротивления.

История показала что непримиримое противостояние приводит к гражданской войне. Северные штаты против Конфедерации Южных штатов, что привело к гражданской войне 1861-1865 годов. Причинами войны стали социально-экономические системы в противостоящих группах штатов. Буржуазный Север противостоял рабовладельческому Югу. Рабство было продекларировано основной причиной войны. Кровопролитное противостояние в истории США ничему не научило Гомо сапиенс.

Сегодня в 2021 году США расколота на две, практически равные половины. С одной стороны люди, являющиеся приверженцами традиционных американских ценностей. Это американская мечта: свобода, свой дом, счет в банке, уверенность в завтрашнем дне. Равенство всех перед законом, возможность добиться успеха в жизни.

Другая половина страны, увлеченная идеями социалистического равенства, требует отнять у богатых и поделить между теми, кто не смог добиться успеха своим трудом. Нео-демократы, используя недовольство многочисленных слоев населения, обвиняющих в своих неудачах богатых, обещают значительное увеличение налогов на успешных, с распределением значительных средств среди беднейших слоев населения.

Современные либеральные идеи весьма популярны в американском обществе. В академических кругах идеи гражданской свободы, являются доминирующей идеологией, особенно среди преподавателей социальных и гуманитарных наук.

Увеличение социального обеспечения населению, бесплатная медицина, бесплатное высшее образование, защита окружающей среды. Нео-демократы считают, что правительство обязано решать все социальные проблемы, заботясь об экономической жизни беднейших слоев общества. Высокие налоги и либеральное законодательство, по убеждениям нео-демократов, позволит правительству эффективно управлять и распределять доходы, поддерживая финансовый баланс в стране.

Так начинались все известные нам революции. Эти наивные и порочные идеи внедрялись в головы доверчивых сторонников, готовых свергать и разрушать старый несправедливый порядок. Отнять и поделить можно, если разумеется не бояться испачкать руки в крови тех, кто строил и создавал богатство страны. Разумеется будут жертвы, экономические потери, разрушение моральных и материальных ценностей. Ради светлого и лучезарного будущего можно поступиться принципами и моралью. Зато в этом замечательном будущем все будут равны и счастливы?

Наивное человечество забыло о своем прошлом. Вид Гомо сапиенс хранит в своем мозгу инстинкты заложенные биологической природой нашего вида. Наши инстинкты диктуют мотивы поведения. Мы хотим стремиться создавать и преумножать ценности, при условии что близкие люди, семья, те кого мы любим смогут воспользоваться тем, что мы создали в этой жизни. Уходя, мы хотим знать, что те, кого мы любили будут помнить нас с благодарностью. Идея создавать, рисковать, тяжело трудиться не свойственна человеку с рабской психологией. Вынужденное подчинение не способно творить. Раздать можно, а вот создавать, зная что созданное снова отберут, это уж вряд ли.

Об это простое понятие, моё, моя семья, мой кусок хлеба спотыкались и рушились все революции. Экономика суровый учитель. Великая Французская и Социалистическая Российская революции, разрушившие экономики своих стран, быстро перешли к жесточайшему террору и уничтожению своих же соратников, пытаясь на них переложить ответственность за собственную глупость.

То, что происходит на наших глазах сегодня в Америке, по сути является революцией. Она произошла нестандартным путем. Здесь низшие классы не брали штурмом Белый дом. Нео-демократы воспользовались лазейками в устаревшей Конституции страны, путем сфальсифицированных выборов, захватили власть в стране, подчинив и запугав всех, кто мешает установлению нового порядка. Все ветви власти, президенство, Конгресс (обе палаты), Верховный суд, властные структуры, армия, СМИ, социальные сети, готовы сотрудничать и помогать новой власти. Эта, практически бескровная революция произошла, поскольку общество было подготовлено пропагандой ненависти к существующему капиталистическому общественному строю. Заманчивая утопическая идея всеобщего равенства оказалась настолько притягательной, что наивный вид Гомо сапиенс забыли, а многие просто не знали историю нашего вида, и пошли вслед за проповедниками мечты об абсолютном счастье для всех.

То, что происходило в США в 2020 году должно было произойти в 2016 году. Хиллари Клинтон была единственным лидирующим кандидатом от Демократической партии США. СМИ единодушно предрекали ей победу, как логичному продолжателю демократизации общества, так славно начатую Клинтонами, продолженную администрацией Барака Обамы. Неожиданно для всех и поэтому особенно неприятно для демократов, к власти пришел не политик, а бизнесмен республиканец Дональд Трамп. Новая Демократическая партия собиралась праздновать знаменательную традицию, (шестнадцать лет) пребывания во власти Клинтонов-Обамы. За эти годы Демократическая партия качественно изменилась, сдвинувшись ещё дальше на крайне-левые позиции политического спектра. В партию пришла новая молодая радикальная смена.

Правда сохранились еще вполне бравые, опытные в боях за власть матерые бойцы, как Нэнси Пелоси, Чак Шумер и множество других. Но тон в партии уже задавали более молодые и радикальные новички. Впервые выбранные в Нижнюю палату Конгресса, они громко заявили свои требования и видение будущего Демократической партии. Возглавляла это новое видение будущего страны радикальная четверка, которая получила по американской традиции кличку *Squad - Отряд*. Возглавляет эту группу радикалов АОС *(Александра Оказио-Кортез.)* Они требуют радикальных перемен, во внешней и внутренней политике страны. Действующий президент Дональд Трамп вызывал у них резкое неприятие и они настаивали на его отстранения от власти любым доступным образом. Могло показаться, что это просто дань радикализму юности, свойственному при половом созревании и бушующим гормонам, но этот юный отряд требовал уступить им место у руля партии. Достаточно скоро стало ясно, что за ними стоит огромная часть, преимущественно молодого и радикального населения страны, и естественно многочисленные меньшинства всех цветов радуги, требующие радикальных перемен.

Все 4 года президентства Дональда Трампа прошла в борьбе за выживание. Клевета, преследования, травля в СМИ, охаивание всех действий и поступков Трампа, его семьи. Он стойко и мужественно переносил все удары и проводил политику, принесшую стране невиданный экономический подъём. Обрушившиеся на мир в 2019 году пандемия коронавируса, названного *КОВИД-19*, потребовала от президента нестандартных решений и создания сил, способных противостоять разрушительной пандемии, по масштабам сравнимую со знаменитым испанским гриппом 1918-1920 годов. В невероятно короткий срок, сразу несколько фармацевтических компаний создали вакцину, способную предотвратить дальнейшее распространение вируса *КОВИД-19*.

Этот 2020 год сопровождался волнениями тысячных толпы протестующих против власти. Неизвестно откуда появившиеся организованные банды молодчиков, напоминавшие отряды коричневорубашечников фашистской Германии, устраивали настоящие погромы, свергали статуи. Толпы мародеров разбивали витрины и грабили бизнесы.

Массы, подстрекаемые появившимися лидерами вступали в стычки с полицией, жгли полицейские автомобили и требовали лишения последней бюджетных средств или просто её устранения. В штатах управляемых демократами, от полицейских требовали не мешать «мирным протестующим.» В Нью Йорке мэр города Де Блазио, уступая требованиям громил, урезал бюджет полиции на 1 миллиард долларов и вышел вместе с протестующими красить мостовую перед зданием принадлежащем президенту Дональду Трампу. На мостовой появилась многометровая громадная надпись: *BLACK LIVES MATTERS - ЖИЗНЬ ЧЕРНЫХ ИМЕЕТ ЗНАЧЕНИЕ.* Бесчинства, поджоги, грабежи, требования к белому населению вставать перед чернокожим населением на колени и целовать ноги или обувь, таким образом выражая раскаяние за причиненные рабовладельцами страдания, все это происходило среди белого дня на людных улицах городов.

Полицейские повсеместно в стране, также как и члены Нижней палаты Конгресса США, во главе со Спикером Нэнси Пелоси преклоняли колени, в знак просьбы о прощении. Лидеры чернокожего населения США, BLM и

ANTIFA, потребовали выплат всему чернокожему населению страны репарации *за все годы рабства*. Эти требования были поддержаны демократами. Лидер BLM заявил: "*Если мы не получим всего, что мы требуем, мы сожжем этот порядок*".

Всеобщие выборы 46-го президента страны состоялись по традиции в первый вторник ноября, который выпал на 3-е число. От Республиканской партии баллотировался 45-й президент США Дональд Трамп, от Демократической партии вице-президент в администрации Барака Обамы, Джо Байден.

Задолго до назначенного срока по всей стране открылись участки для предварительного голосования. В отличие от предыдущих лет желающие проголосовать досрочно выстраивались в громадные очереди. Демократы потребовали увеличить сроки голосования по почте. Понимая, что голосование проходит в условиях пандемии и почтовая служба страны не в состоянии справиться с огромным потоком поступающих бюллетеней президент Дональд Трамп выступил против увеличения сроков голосования по почте. Отдельные штаты, в нарушение Конституции, самостоятельно приняли решения об увеличении сроков доставки почты, отказавшись от стандартных условий проштампованных почтой конвертов в день голосования.

Вся страна готовилась к выборам. Администрация штатов готовила участки для голосования и закупала современное компьютерное оборудование для подсчета голосов. Обе партии отправляли своих представителей для организации проверки на участках для голосования, дабы исключить какие-либо нарушения прав голосующих и подтасовок на выборах.

Такой массовой явки желающих проголосовать за своего кандидата Америка еще не знала. Традиционные СМИ (средства массовой информации) и социальные сети вели репортажи со всех концов огромной страны. Участки закрывались в 8 часов вечера по местному времени и начинался подсчет голосов. Страна не спала и следила за ходом поступающих сообщений. Президент Дональд Трамп побеждал в традиционно про-республиканских штатах, Джо Байден в про-демократических. Президент Дональд Трамп явно лидировал в гонке. Так продолжалось до 3-х часов ночи.

Внезапно, во многих штатах голосование было остановлено. Объяснялось это какими-то сбоями в процессе механического подсчета голосов закупленным оборудованием. Через час полтора процесс подсчета голосов возобновился, но с удивительным результатом. Теперь лидировал вице-президент в правительстве Барака Обамы, Джо Байден. В Америке существуют так называемые *колеблющиеся штаты*, где голоса могут быть отданы тому или иному кандидату. Именно в этих штатах решился итоги голосования. Победил Джо Байден.

В США существует система *косвенных выборов*, при которых каждый штат представляют так называемые выборщики. Каждый штат в зависимости от количества его населения выставляет определенное количество голосов выборщиков. Так например крупнейший штат Калифорния выставляет 55 голосов выборщиков, а мало населенный штат Аляска выставляет 3 голоса выборщиков. Побеждает тот кандидат, который наберет не меньше 270 из 538 голосов выборщиков. Традиционно все голоса выборщиков штата отдаются тому кандидату, который набрал большинство голосов в данном штате.

Одновременно с выборами следующего президента в этом году проходят выборы в Конгресс США, Сенат и Палату представителей страны. Неформально президент страны будет известен 14 декабря, когда голоса коллегий выборщиков будут подсчитаны.

Скандалы вокруг выборов становились все громче, с приближением даты выборов 3 ноября. В газете New York Post в середине октября появилась статья, обвиняющая Джо Байдена в коррумпированности. В опубликованном в газете письме украинской компании *Burisma*, отправленное сыну Байдена, Хантеру, с выражением благодарности за организованную встречу с Байденом старшим и просьба, *использовать его влияние*, для помощи компании. Джо Байден утверждал, что не имеет отношения к работе сына на компанию *Burisma*.

Пятый канал *Fox News* демонстрировал пленку, на которой вице-президент в правительстве Барака Обамы, Джо Байден требовал от украинских властей устранения генерального прокурора Шохина, ведущего расследование против компании *Burisma*, угрожая в противном случае закрыть финансирование 1,5 миллиарда долларов помощи Украине. Джо Байден провел в политике более полувека. Был вице-президентом 8 лет в администрации Барака Обамы. Джо Байдена называли, с его слов *«самым бедным человеком в Конгрессе»*. Официально с 1998 по 2019 годы семья Байденов заработала $22.5 миллиона. Сын Джо Байдена, Хантер Байден замешан во множестве скандалов. Коррупционных, сексуальных, сязанных с наркотиками и получение взяток от разных государств.

Хантер Байден был принят в Совет директоров Украинской скандальной энергокомпании компании, *Burisma*, с зарплатой почти $1 миллион в год. Советник руководства компании, в своём письме *«благодарил Хантера за встречу с Байденом, вице-президентом»* и просил подумать, как тот *«может использовать своё влияние»*, для помощи компании. Хантер Байден сдал в ремонт нотбук, но забыл за ним прийти. Руди Джулиани, бывший мэр Нью Йорка, личный адвокат президента Трампа, к которому попала копия жесткого диска нотбука Хантера Байдена рассказал, что в нотбуке обнаружены *«многочисленные фотографии несовершенолетних девочек»*. Все материалы были переданы в полицию. Джо Байден отрицал, что как-то связан с работой сына в компании Burisma.

Министерство юстиции обратило внимание на связь Хантера Байдена с Китаем. Расследуются *«подозрительные иностранные транзакции»*, деньги из Китая и других стран. Президент Дональд Трамп заявил: *«Хантер получал от Украины и Китая миллионы долларов»*. Экс-мэр Нью Йорка Руди Джулиани, личный адвокат Трампа утержал, что Джо Байден использовал своего сына для получения взяток в качестве «*собиралы… - человека для сбора взяток*». По его словам, еще один жесткий диск Хантера Байдена был обнаружен в Бостоне. На нем хранятся «*весомые свидетельства подкупа, шпионажа, отмывания денег*» от разных стран. От китайских властей сын политика-демократа получил якобы $1,5 млн, а от Украины — порядка $3 млн.

Ким Страссел, член редколегии The Wall Street Journal:

У нас есть текстовые сообщения и электронные письма, где все эти партнёры говорят: «Нам следует оставлять больше денег для людей, которые действительно работают». Кстати, имеется в виду не Хантер. «Нам следует… Каков вклад Хантера?»

И тут Хантер яростно вмешивается, он говорит:

«Вы что, не понимаете? Я и есть сделка. Люди занимаются этим только потому, что им нужно имя Байдена. Это наследие моей семьи».

Выборная американская смута продолжалась до 3 ноября 2020 года – дня выборов. Множество предсказателей выражали свои мнения, что случится в этот критический для всего мира день.

Представлялись различные варианты:

А) Если победит Байден, а Конгресс полностью перейдет под контроль Демократической партии, то смута возможно быстро утихнет и страна предсказуемо покатится к точке невозврата – превратится в леворадикальное социалистическое государство. Захватив власть, демократы прекратят, теперь уже не нужное братание с не белым населением, предожив последним репарации за годы рабства, обложат богатых непомерными налогами, введя в стране некое подобие олигархического управления, с огромной армией бюрократов. Проблема лежит в решении что делать с огромной организованной армией чернокожего населения, БЛМ, Антифа и прочих групп, привлеченных демократами в большую политику для противодействия президенту Трампу и запугивания его сторонников. Они потребуют платы за свое участие и это не просто банальные деньги. Они потребуют свою долю во власти и готовы силой её добиваться. Ситуация непредсказуемая. Вооружённые и организованные отряды, не подчиняющиеся единому командованию не исчезнут и не растворятся вдруг, позволив демократам наслаждаться плодами победы. Они потребуют своей доли и цена может оказаться намного выше, чем демократы готовы заплатить.

Б) Если победит Трамп, но палата представителей останется у Демократической партии, то произойдёт всплеск смуты, скачок преступности, который продержится месяца два, а потом Трамп погасит беспорядки силой. Следующие четыре года продолжится яростная борьба между лево-радикальными, (Демократическая партия) и консервативными (Республиканская партия), и борьба эта скорее всего, хотя и медленнее, приведёт к варианту перманентной войны между президентом и Палатой представителей.

В) Если победит Трамп и Сенат останется в большинстве республиканский, то у страны есть шанс выправить левый перекос. У Трампа будут развязаны руки, и при поддержке Сената у него может получиться, по крайней мере на следующие четыре года, остановить или даже обратить вспять деградацию страны.

Г) Существует еще одна возможная линия развития событий. БЛМ, АНТИФА и подобные радикальные структуры поддерживающие идеи виновности ныне живущего белого населения за столетия рабства и унижения чегнокожих, потребуют выделения территорий, для создания своего отдслыного государства на территории США. Естественно выплаты компенсаций за века рабства и унижений, установление границ вновь образованного государства. Собственная армия, вооружение для охраны границ, собственная валюта и законы, утверждающие неотъемлемое право создания подобного государства на территории США. Они уже пробуют на прочность эту идею. Лидеры подобных движений понимают какую выгоду можно извлечь при таких обстоятельствах. Никакие триллионы долларов в виде подачек-компенсаций их не удовлетворит. Власть и возможность реализовать самые немыслимые бесконтрольные желания, сильнее любого наркотика. А триллионы долларов в любом случае принесут на золотом блюде. Ничто так не развращает, как жажда власти. Человечество проходило не раз через кровавые истории борьбы за власть. Сознание, отравленное рабским прошлым, уверенность в существующим ущемлении прав чернокожего меньшинства, чувство отверженности в обществе, требует действий. Попробовав безнаказанно, свои силы, они поняли что могут победить. Последние 60-70 лет демократическая общественность потакала всем требованиям, выдвигаемыми различными радикальными меньшинствами и сообществами.

Последствия подобного развития событий неизбежно приведут к новой Гражданской войне с ужасающими последствиями. Просчитывали лидеры Демократической партии подобные варианты событий и подготовились ли к ним, мы узнаем если таковые события произойдут.

Е) Президент Джо Байден, вице-президент Камала Харрис готовы взять управление этой страны в свои руки. Контроль над всеми ветвями власти в руках Демократической партии. Республиканская партия практически перестает быть политической партией. Принимаются множественные законы в соответствии с видением неодемократов. Повышение налогов, запрет на свободную продажу оружия. Население страны обязывается сдать имеющееся оружие за символическую плату или просто будет принят закон, обязывающий сдать оружие. Вводится цензура на все средства массовой информации, включая социальные сети. Возврат ко всем соглашениям времен Барака Обамы. Принимаются законы защищающие права меньшинств и предусматривающие преимущественный ценз при приеме на работу, в учебные заведения, на государственные должности. Также преимущества в тендерах на любые виды хозяйственной деятельности. Принятие всеобщей бесплатной медицинской страховки. Восстановление трансгендерной политики, включающей доступ мужчин в женские раздевалки. Открытые границы и амнистия для всех нелегальных иммигрантов, находящихся в стране с предоставлением права голоса. Изменение законов в избирательной системе страны, которое может дать им прочное преимущество на всех будущих выборах в США. Восстановление всех программ, связанных с глобалистами и защитниками окружающей среды. Выплаты репараций тем, кто пострадал за все годы существования рабства, сегрегации и несправедливостей этой страны.

Своей доли в дележке огромного пирога под названием США ждут корпорации связанные с производством военного снаряжения, фармацевтические гиганты, промышленники, которых Трамп вынудил вернуть свои производства в США и многие другие, кто натерпелся от политики Трампа. Страна меняет название на ССША – Социалистические Соединенные Штаты Америки. Для сохранения существующего порядка и доминирования Демократической партии, последняя будет вынуждена перейти к жестким мерам. Такова логика событий всех революций. Встречая противодействие правящая партия отменит все демократические свободы: слова, собраний, сменяемость власти, соблюдения прав человека, право на владение оружием. Все выступающие против решений правящей партии объявляются врагами народа, внутренними террористами со всеми вытекающими последствиями.

История Гомо сапиенсе знает подобные перевороты (дворцовые или революционные). Проигравшая партия объявляется врагом народа (страны), подвергается преследованиям, шельмованию переходящему в террор. Так происходило во время Великой Французской революции, в нацистской Германии 30-х годов, Социалистической революции в России. В каждой стране подобные потрясения приводили к множественным жертвам населения, разрухе, голоду и развалу экономики.

При подобном сценарии существует опасная тенденция к отделению от Союза Соединенных Штатов тех, кто с такими условиями не согласен. Штаты входящие в союз страны сохраняют за собой право на регулирование множества вопросов и полномочий, где может возникнуть вопрос и об отделении от союза штатов. Подобный шаг может привести к полной дезинтеграции США и новой Гражданской войне. Такие попытки отколоться от государства чреваты насилием, разрушением страны и громадным жертвам населения. Застрахованы ли США от подобного сценария покажет время.

Сегодня мы знаем что победу одержали демократы и Джо Байден стал 46 президентом США.

ПРЕЗИДЕНТ ДОНАЛЬД ТРАМП

Достижения администрации Белого дома под управлением президента Дональда Трампа, за период 2016 - 2020 годов не оспариваются даже противниками президента. Почему же против него идет такое жесткое противостояние, скорее похожее на жесточайшую войну. Выборы 3 ноября 2020 года провели резкую черту между его сторонниками и противниками. Половина страны считает президента Дональда Трампа величайшим президентом со времен Авраама Линкольна. Другая половина считает Трампа худшим президентом, добиваясь с первого дня его избрания, отстранения от должности, не останавливаясь перед импичментом (легальное отстранение от власти.) Трамп с самого начала заявил что будет баллотироваться на второй президентский срок. Голосование на выборах 3 ноября показало что за президента проголосовали почти 75 миллионов избирателей. Это абсолютный рекорд, а для президента баллотирующегося на второй срок тем более.

За его соперника, бывшего вице-президента в правительстве Барака Обамы, Джо Байдена отдали голоса более 82 миллионов избирателей. Это уже выходит за рамки здравого смысла. Претендент на пост президента страны проигрывал своим соперникам по Демократической партии во время гонки на первичных выборах во всех штатах страны. Затем вдруг неожиданно вырвался вперед и стал лидером. В соревновании с президентом Дональдом Трампом, бывший вице-президент в правительстве Барака Обамы, Джо Байден очень редко появлялся перед избирателями, отсиживаясь как утверждали злые языки в убежище, вдруг обогнал рекордсмена и весьма популярного среди избирателей президента Дональда Трампа на 7 миллионов голосов.

Демократическая партия и СМИ объявили команду Джо Байдена президентом – электом (выбранным), вместе с Камалой Харрис вице-президентом, не дожидаясь официального утверждения Конгресса.

Как заявил личный адвокат Трампа, бывший популярный мэр города Нью Йорка Руди Джулиани:

— Вы думаете мы глупы? (You think we are stupid?)

Налицо был явный подлог и обман избирателей. Для сбора доказательств фальсификаций на выборах президента США 2020, была создана команда юристов во главе с Руди Джулиани. Трамп не признал поражение на выборах и решил оспаривать результаты выборов в суде.

Предстоял огромный объем работы по проверке материалов выборов, обработка и поиск доказательств фальсификаций, с доказательной базой, подготовка документов для подачи в суд. Документы, официальные свидетельства под присягой, множество свидетельств нарушений во время подсчета голосов, включая записи с камер наблюдения. Все это должно быть сделано в кратчайшие сроки, поскольку при двухступенчатой системе выборов, 14 ноября должны сертифицироваться списки выборщиков от каждого штата, а они уже в свою очередь, отдают голоса в пользу того или иного кандидата. Победитель в штате получает все голоса выборщиков. Для победы на выборах президента достаточно набрать 270 голосов выборщиков.

Команда юристов президента решила сосредоточиться на проверке так называемых *«колеблющихся»* штатов, где нет четкого перевеса одной из партий, которые и решили исход выборов: Пенсильвания, Северная Каролина, Огайо, Джорджия, Висконсин, Мичиган, Невада и Айова.

Множество политических экспертов утверждали, что победа Джо Байдена уже свершившийся факт. Были сомневающиеся, кто полагал что Верховный суд США, в котором преобладали сторонники Дональда Трампа, ознакомившись с многочисленными свидетельствами нарушений на выборах, могут признать прошедшие выборы недействительными и тогда выборы президента перейдут в Палату представителей Конгресса, где согласно Конституции США, каждый штат имеет один голос при выборе президента. Поскольку за Трампа проголосуют большинство штатов, то он и будет следующим президентом США. Следовательно вопрос заключается в том, когда можно будет подавать документы в Верховный суд страны.

В Пенсильвании выяснилось. что 165 тыс. республиканцев отправили свои бюллетени по почте, но их голоса при проверке в реестре голосования не были засчитаны, а сами бюллетени пропали. Ещё один человек из команды Трампа по расследованию возможного мошенничества на выборах сообщил в прямой трансляции одного из каналов, что компания отвечавшая за подсчёт голосов избирателей в США, с офисом компании находящийся в Торонто, Канада использовала программу "Доминион", а руководила выборами с серверов которые находятся в Германии. Эти сервера контролировали выборы в 27 штатах.

Владельцами данной компании являются два гражданина Венесуэлы. Программа "Доминион" была создана на деньги Китая, для манипуляций в Венесуэле и обеспечению выигрыша Уго Чавеса в начале 2000 года. Эта же программа использовалась в Аргентине. Люди руководившие программой "Доминион" связаны с фондом Сороса и *"Глобальной инициативой"*- фондом Клинтонов.

Все либеральные СМИ вещали о великой победе Джо Байдена. В социальных сетях сторонники Трампа, рассказывали об отряде с военной базы США находящейся в Германии, который провел обыск в местном отделении ЦРУ. Были конфискованы компьютеры, связанные с выборами в США.

Команда юристов Трампа подготовила сотни страниц документов, включавшие аффидевиты (показания свидетелей под присягой), заключения экспертов, фотографии и видеоматериалы подтверждающие огромное количество фальсификаций и мошенничеств во время президентских выборов 2020.

За процессом борьбы за президенство в США следил без преувеличения весь мир. Сейчас решалась решалось не просто кто из президентов будет следующие 4 года занимать место в Белом доме, а то, каким будет мир в ближайшие годы, а возможно и в обозримом будущем. Прежде всего это борьба за власть. Власть даёт возможность разбогатеть. Власть дает возможность стать успешным доминантным членом в сообществе сильных мира сего. Власть даёт возможность обеспечить прекрасное будущие своих потомков. Все три инстинкта заложенные в биологической природе Гомо сапиенсе побуждали противников Трампа действовать.

США имеют в мире много друзей, и разумеется множество врагов. И те, и другие ждали результатов от которых зависели судьбы многих народов. Фальсификации на всеобщих выборах 3 ноября 2020 года в США поражали невиданными масштабами. Сотни тысяч, более чем вероятно миллионы голосов избирателей были жульническим образом переданы кандидату Демократической партии Джо Байдену.

Прошло почти 250 лет с момента основания Америки. Существенно изменился её этнический состав. В период основания страны население насчитывало менее 4 миллионов человек. В 2020 году население составляло более чем 328 миллионов человек. Демократическая политика потакания бедствующим слоям населения, подачками в виде социального жилья, продуктовых купонов (впоследствии заменённых на кредитные карты, дабы не унижать достоинство живущих на пособие), бесплатная медицина, бесплатное обучение и множество других льгот, лишали получателей желания бороться и добиваться достойного места в социуме. Получатели подобных льгот во всём обвиняли правительство и систему, которая не позволяла им проявить свои таланты и достоинства.

Огромная армия подобных иждивенцев ненавидела республиканцев и видела в демократах своих покровителей. Правление Клинтонов и Барака Обамы только убедила их в правильности видения будущего США. Несостоявшееся правление Хилари Клинтон и президенство Дональда Трампа только утвердило их в мнениии, что необходимо изменить ситуацию любым способом и привести к власти демократов.

На стороне демократов оказались всевозможные меньшинства, громко требующие прав для своих идеологических идей изменения гражданских прав, иммиграционной и климатической политики. Множественные идеологические противники, выступающие за смену существующего строя и создания социалистического государства.

В течение многих лет учителя в школах и профессора в колледжах внушали молодым людям, что капитализм отжившая система, а наоборот социализм, справедливое общество будущего. СМИ, газеты, гиганты социальных сетей пропагандировали ненависть ко всему, что связанно с Трампом. Дошло до того, что Фейсбук, Твиттер и Гугл заблокировали страницы президента страны.

Ещё оставалась надежда, что Конгресс рассмотрит факты фальсификаций на выборах в *колеблющихся* штатах, и согласно конституции результаты выборов и голосование перейдет в Палату представителей, где большинство голосов, по одному от каждого штата дадут преимущество Дональду Трампу. Совместное заседание обеих палат Конгресса, утверждающее итоги выборов 3 ноября, должно состоятся 6 января 2021 года. Согласно конституции председательствовал вице-президент Майк Пенс. Сторонники Трампа были уверены, что вице-президент не будет голосовать за утверждение голосов выборщиков, учитывая огромное количество подтасовок и фальсификаций на выборах. Это означало что голосование переходит в палату представителей, где Дональд Трамп имеет явное преимущество. Раздавались голоса сторонников Трампа, предупреждавшие об *«измене»* Майка Пенса, но этому никто не хотел верить.

Дональд Трамп выступил с обращением к своим сторонникам, призывая последних собраться на мирную демонстрацию в Вашингтоне 6 января, продемонстрировать членам Конгресса свое отношение к состоявшимся выборам.

Всё это происходило 6 января, когда огромная масса сторонников Трампа собравшаяся в Вашингтоне, с намерением выразить членам Конгресса свое отношение к выборам. В это время в здании Капитолия, проходило заседание обеих палат Конгресса, утверждавшего итоги голосования 3 ноября.

Ворвавшаяся в здание Капитолия группа сторонников Трампа, была спровоцирована внедренными в толпу бойцами БЛМ и Антифа. Они одели бейсболки с надписью МЕГА, изображая сторонников президента. К удивлению ворвавшихся в Капитолий масс, они не встретили какого-либо серьезного сопротивления. В соцсетях сохранились видео кадры, где один из полицейских в форме отодвигает заграждение и приглашает желающих идти к Капитолию. ФБР располагало информацией о готовящемся вторжении в Капитолий, но почему-то не приняло никаких мер к защите народных избранников. Всё это говорит о том, что это была ловушка. Одна из нападающих была застрелена при попытке проникновения через окно. Кто её застрелил и почему не очень понятно.

Заседавшие члены Конгресса были эвакуированы в безопасные убежища. Немногочисленная группа проникших в здание бродила по Капитолию, рассматривая великолепие внутренних помещений и при отсутствии явного лидера не зная что делать дальше. Прибывшие полицейские и охрана выдворили непрошенных гостей и народные избранники вернулись на рабочие места. Они были очень взволнованы и выплескивали возмущение против президента Трампа, который должен понести справедливое наказание за своих сторонников.

Разумеется все споры о фальсификациях на выборах, при такой ситуации оказались неуместными. Джо Байден был объявлен избранным президентом, вместе с Камалой Харрис – вице-президентом. Нэнси Пелоси, Спикер Палаты представителей настаивала на импичменте номер два, который должен быть объявлен виновнику такого неслыханного покушения на власть в стране, президенту Дональду Трампу, виновному в подстрекательстве к мятежу своих сторонников.

20 января 2021 года должна состояться инаугурация новой администрации Джо Байдена и Камалы Харрис. Администрация Дональда Трампа должна выехать из Белого дома, освобождая место для новых хозяев на последующие четыре года. После выборов Трамп и его сторонники делали мало эффективные попытки отменить результаты фальсифицированного голосования, пытаясь через суды доказать произошедший обман. Сторонники президента оживленно обменивались мнениями в социальных сетях, обсуждая всевозможные сценарии действий и поступков последнего, вплоть до объявления чрезвычайной ситуации в стране, с введением армейских подразделений в города, где могут возникнуть бунты.

Юристы президента по-прежнему пытались оспорить результаты выборов, но это уже значения не имело. Суды, политическая элита, главы силовых структур, СМИ, социальные сети были ярые противниками президента. Судьи возможно были запуганы или опасались за жизнь своих близких, другие вероятно были просто коррумпированы.

За день до инаугурации новой администрации, Дональд Трамп с семьей покинул Белый дом, отказавшись участвовать в церемонии инаугурации, оставив по традиции письмо новому президенту. Оно было коротким.

"Джо, ты знаешь, что я победил".

Дональд Трамп пришел в мир политики из мира бизнеса. Сам Трамп объяснял свой приход в политику тем, что не мог мириться с политикой Клинтонов-Обамы, разрушающих экономику и поддерживающие диктаторские режимы в других странах в ущерб США.

За годы правления Трампа резко увеличилась мощность экономического роста, ВВП продемонстрировал внушительные результаты, уровень безработицы упал до 3,7%, зависимость от импорта уменьшилась, уровень жизни возрос, армия окрепла. Он выдвинул логичный для бизнеса лозунг: *"Америка прежде всего, или Сделаем Америку Великой Снова - MAGA"*. Этому лозунгу он неизменно следовал и тем завоевал массу сторонников среди населения своей страны, более 75 миллионов его горячие сторонники В отличие от всех американских президентов, тех кто был до него, он выполнил почти все свои предвыборные обещания.

Дональд Трамп обещал *осушить вашингтонское болото*. Это, так называемое, *Глубинное государство*, – клуб избранных, окончательно сложившихся во времена правления Клинтонов-Обамы. Они руководят чиновничьей бюрократией, армией, разведками, финансовыми структурами, юридической системой. Дональд Трамп никогда не являлся членом этой организации и пригрозив, осушить болото, нажил многочисленных врагов.

Глубинное Государство, с момента его основания демократом Джимми Картером отвечало задачам создания демократического правительства. Развернулась бурная деятельность в направлении перевоспитания молодёжи в школах, колледжах и университетах. Вот уже многие годы учителя и профессора внушают молодым людям, что капитализм – это плохо, а социализм – хорошо. Этой же целью занималась почти вся медиа: ТВ, газеты, гиганты Силиконовой долины. Действуя заодно они промывали мозги молодёжи, действуя заодно, что привело к моральной деградации общества. Стандартные американские ценности: независимость, свобода, стремление к успеху, законопослушание, мораль, религиозная терпимость, сменились социалистическими лозунгами, где американский образ жизни стал аморальным.

Америка изменилась вместе с ее этническим составом. Пока оставалась хоть какая-то мизерная надежда, что Конгресс рассмотрит факты жульничества на выборах в некоторых штатах, не утвердит результаты выборов и президента изберут так называемым голосованием штатов, то с самого начала заседания стало ясно, что даже многие республиканцы не прочь от Трампа избавиться.

3 ноября 2020 года во время всеобщих выборов в США, сотни тысяч, если не миллионы голосов избирателей были подтасованы и переданы кандидату Демократической партии. Произошел государственный переворот.

ПЛАВИЛЬНЫЙ КОТЕЛ

Идея плавильного котла возникла в результате слияния различных языков, культур, народов, наций, рас, традиций, вероисповеданий, множества волн иммигрантов со всех концов планеты. Английский язык, в его американском варианте, помогал иммигрантам ассимилироваться в стране. Введенный позже испанский язык, как второй язык страны, помог многочисленным испаноязычным гражданам вписаться в многоцветный ковер населения США. В реальной жизни различные группы сохранили традиции страны исторической родины и стремились селиться в своих районах, общаться и покупать в «своих» магазинах привычные продукты и поддерживали свои национальные праздники, культуру и символы. Сегодня мы знаем, что идея плавильного котла не выдержала проверку временем.

Американское общество поддерживало идею этнической национальной самоидентификации, любых групп сохраняющих традиции этноса, нации. Сохранение культуры, религии, обычаев этносов создавали красочную палитру, объединённых народов под флагом одной страны, США.

К сожалению распад США был неизбежен. Он был заложен Отцами Основателями при создании страны. Чернокожее население насильно, в кандалах, привезенное в эту страну, никогда не примирится со своим прежним положением граждан второго сорта и никакие поблажки и репарации не приведут к миру и согласию. Преимущественные квоты при приеме на работу в правительственные учреждения, в учебные заведения, обязательные при любых наградах в любых областях культуры, науки и спорта, все это только увеличивает расизм, ксенофобию и враждебность. Белое население страны уже испытывает на себе все негативные стороны некорректного отношения к себе.

Решения этой проблемы не существует. Вот разве белое население найдет себе новую страну проживания. Помимо этой проблемы чернокожего населения страны, существует множество других проблем с различными меньшинствами: политические, гендерные, расовые, сексуальные, этнические, религиозные, возрастные и прочие. Все меньшинства также требуют преимущественных квот в социальном обществе.

Последствия подобного преобразования предсказуемо приведёт к отделению большого количества штатов и образованию новой Конфедерации Свободных Штатов. Два различных государства, каждое со своей армией и абсолютно противоположными идеологиями, вряд ли смогут достичь мирного соглашения. При разделе на отдельные образования возникнет множество неразрешимых проблем. Самая идея распада страны вызовет отторжение, а возможное противостояние приведет к

Гражданской войне. Последствия будут катастрофическими. Непримиримость идеологий исключает возможность мирного соглашения и взаимных уступок. Та партия, которая сможет убедить армию и командование встать на их сторону, неизбежно должна будет применить диктатуру и подчинение для установления порядка и стабильности в стране.

На данный момент страна расколота практически на две непримиримые половины. Никто не захочет уступить и принять правила построения общества по принципам, приемлемым только для одной из сторон. Принуждение и диктатура, неизбежно приведет к вооруженному противостоянию. При этом ни одна из противоборствующих сторон не сможет мирно разрешить противоречия с другой половиной населения. Социалистическая идеология, при отсутствии свободного предпринимательства, свободы слова, свободы собраний ведет к тирании олигархии, государственной диктатуре, насилию над обедневшим населением.

Капиталистическая идеология построения общества, соответствующая биологической природе вида Гомо сапиенс, при всех её плюсах, демократические свободы, сменяемость власти, равные возможности для всех слоев населения, не может обойтись без наёмного труда многочисленных неудачливых членов общества, вынужденных обслуживать тех, кому повезло.

Соединенные Штаты 2021 года - разделенная страна. Одна сторона утверждает, что на выборах не было фальсификации. Другая сторона говорит, что имело место массовое мошенничество. Обе стороны не могут быть правы. Только одна говорит правду, а другая лжет. Узнаем ли мы правду? Это только сможет доказать будущее.

В современном мире равновесия не существует. Европейские страны не являются эталоном баланса между богатыми и бедными. Захлестнувшие Европейский континент волны мигрантов из Азии и Африки, грозят потопить перегруженный корабль Старого Света.

Гомо сапиенс тысячелетия существовал по законам своего вида. Доминантные всегда были ведомыми, а подчиняющиеся – ведомыми. Доминантные: управляющие, главенствующие, командующие, господствующие, распоряжающиеся, правящие и множество других синонимов существует в любом языке, и только один антоним – подчиняющиеся.

Республиканская форма правления, случайно найденная на вновь открытом и богатом континенте, создала иллюзию общества равных возможностей. Подобное состояние поддерживало баланс в обществе. Американская мечта о всеобщем равенстве и счастье просуществовала почти четверть тысячелетия. К сожалению этой мечте приходит конец. Ещё одна иллюзия Гомо сапиенс потерпела крушение. Неравенство заложено биологической природой человеческого мозга. Карл Маркс ошибался, полагая что мозг любого человека устроен одинаково и ученые в состоянии вывести новую породу людей, способных создать идеальное коммунистическое общество равных возможностей.

Американская демократия продемонстрировала за время своего существования, преимущества системы свободного рынка капитализма. Установившиеся формы управления и политические свободы для предпринимательства создали условия для установления справедливой и контролируемой власти.

В новейшей истории эта система просуществовала достаточно долго, но события XXI века показали обманчивость кажущегося благополучия и устойчивости этой системы. Политическая элита, сосредоточившаяся во властных структурах, использовала свое положение для выполнения инстинктивных задач заложенных в лимбической системе нашего вида. Еда (капитал приносящий уверенность в завтрашнем дне), размножение (обеспечение потомков возможностями для увеличения капитала), доминантность (борьба за более высокое место в иерархии для приумножения капитала.) Гомо сапиенс выполняет своё биологическое предназначение.

Естественный биологический отбор, превративший обезьяну в разумное существо, оставил нам наследство в виде лимбической системы мозга. Биологические инстинкты: еда, размножение и доминирование проявляются при всех турбулентных моментах, через которые проходит Гомо сапиенс.

Сегодня, права тех, кто не может или не хочет быть одним из членов сообщества, а выставляет своё видение поведения в обществе, декларируются как наиболее важные и обязательные к исполнению. Быть белым неприлично, не иметь модной сексуальной ориентации зазорно, быть богатым – просто неприемлемо, флирт – харрасмент (оскорбление), проявление гнева, уничтожая чужое имущество – свобода выражения своего мнения. Это ряд можно продолжать до бесконечности.

Либерализм имеет двойное толкование. Это демократические свободы, права парламентаризма, равенства всех перед законом. Существует и другой смысл. Бессмысленная терпимость, вредное попустительство, абсурдная толерантность, допустимое отклонение (от нормы). Либерализм сегодняшний – это и есть другое толкование поведения в обществе. Идеи социального равенства, всегда бродили в неспокойных головах нашего вида. Время от времени появлялись лидеры призывающие народ к революционным преобразованиям, свержению существующего несправедливого строя и созданию общества равных возможностей для всех. Быстро выяснялось что подобные преобразования требуют жесткой защиты от тех, кто не желал добровольно расставаться с неправедно нажитыми или унаследованными ценностями. Логика революционных преобразований общества требовала физического уничтожения мешающих созданию процесса распределения благ, ресурсов, возможностей. Противостояние абсолютно противоположных мнений неизбежно приводило к вооруженному конфликту со всеми вытекающими, при подобных обстоятельствах исходу. Как известно из истории революции, если враг не сдается его уничтожают. Мы помним, гражданские войны и революции были всегда самыми кровавыми и жестокими. Дети поднимались против родителей, брат против брата. Насильственная смена правлений или политических режимов несли с собой бесчисленные жертвы.

События 3 ноября 2020 года казались обычными выборами президента, происходящие каждые 4 года. На самом деле произошла смена политического режима. Демократическая партия, давно сдвинувшаяся в крайне левую радикальную политическую позицию, решила убрать мешающего президента и наконец осуществить на деле идеи всеобщего равенства и благоденствия. Это позволяло осуществить тотальный контроль над всеми ветвями власти в стране, провести кардинальные преобразования и возглавить мировое движение в сторону либерализма и равноправия всех живущих на этой земле. Задача, сравнимая с величайшими достижениями человечества. Было бы наивно полагать, что достигнутая вершина власти в стране, которая является мировым лидером будет отдана добровольно на следующих выборах. США ждут жестокие потрясения в обозримом будущем.

Демократическая партия будет проталкивать законы ограничивающие права, свободы, возможности высказываний, любую противоположную точку зрения. Против 75 миллионов голосовавших за Дональда Трампа уже применяется прессинг по всем фронтам. Нэнси Пелоси, спикер Палаты представителей выступила с обвинениями против сторонников Трампа, назвав их «внутренними террористами», Палата представителей Конгресса проголосовала за второй импичмент президенту Трампу, обвиняя его в «подстрекательстве к мятежу». Сенат Конгресса должен вынести свой вердикт о вине президента страны.

20 января 2021 года Дональд Трамп покинул Белый дом, куда вселился новый президент Джо Байден. Дональд Трамп стал первым президентом США, которому дважды объявлялся импичмент и может стать первым, которому объявят импичмент (отстранение от должности) который уже президентом не является. Решение Сената перенесено на первые числа февраля 2021 года. Демократы добиваются обвинительного заключения, поскольку это означает фактический запрет Трампу занимать государственные должности пожизненно.

В сегодняшнем нестабильном мире сторонники капиталистической идеологии построения общества призывают к вере в бога, в семейные ценности, равные права и возможности для всех, саморегулирующуюся силу свободного рынка и ценность человеческой жизни. Капитализм является последним и уникальным этапом исторического развития, вида Гомо сапиенс, реально объективным, отождествляющимся с цивилизацией и культурой. Демократические либеральные партии, исповедуют социалистическую политическую идеологию построения общества, конечной целью которого является справедливая социальное и экономическое равенство. Создание бесклассового справедливого общества.

Замена рыночных форм управления экономикой на общественный (читай государственный) контроль над средствами производства и справедливое распределение ресурсов.

Вид Гомо сапиенсе уже не раз проходил через этот этап в своей истории. Достаточно вспомнить Великую Французскую революцию 1792 года, Россию 2017 года, Венесуэлу демократического социализма Уго Чавеса, Северную Корею Ким Ир Сена и его потомков, Китай Мао Цзэдуна, Вьетнам Хо Ши Мина, Демократическую Кампучию (Камбоджа) Пол Пота, лидера «красных кхмеров». Все они проводили политику уничтожения прав, свобод и террор против собственного народа.

Либерализм сегодняшний – это и есть другое толкование поведения в обществе. Наш вид Гомо Сапиенс начал свое победное завоевание на этой планете, пользуясь единственным доступным ему оружием, своим большим 1650 см^3 мозгом. Человек не рожден с подобным большим по размеру мозгом. Он шел к этому миллионы лет. Вы об этом уже читали во второй книге этой трилогии, но я полагаю что неплохо повторить прочитанное, для восприятия связи с событиями современными.

Трансформация из небольшого четвероного зверька проконсула, с мозгом в 300 см^3 пытавшегося выжить в дикой природе, среди хищников и других подобных ему животных, способных отобедать его плотью, потребовала совершенствования мозга для выживание в суровой среде. Проконсул существовал в невообразимо далекое время, 20 миллионов лет назад, в Восточной Африке где сумел выжить предок человекообразных обезьян, который имел из средств защиты только хвост, еще шерсть, которая его согревала. Он не обладал никакими преимуществами перед другими обитателями дикой природы, кроме небольшого мозга, который в течение тысячелетий развивался и увеличивался в объеме, поскольку проконсул старался выжить. Слово старался явное преувеличение. Просто инстинкт самосохранения подталкивал его мозг к поиску сиюминутных решений выживания.

Заложенные биологические инстинкты живого существа заставляли искать необходимую пищу, самку для продолжения рода и проявления доминантности (превосходства), необходимое качество среди особей подобного вида в борьбе за еду и самку.

Сопротивление неудачам в борьбе за место в данной среде, способствовало развитию мозга, запоминающего ошибки и вырабатывающего подсказки более разумных поведенческих инстинктов в различных обстоятельствах. Проходили тысячелетия и мозг человекообразных обезьян увеличиваясь, накапливал массу информации, выдвигая обладателей мозга в первые ряды в пищевой цепочке, побеждающих жестоких и сильных противников оснащенных клыками, когтями, рогами, панцирями, ядовитыми зубами и прочими атрибутами, позволяющими выжить данному виду. Можно предположить, что самым опасным противником гоменида мог быть другой вид гоменидов, также рассматривающий подобное биологическое создание как объект для питания. Каннибализм сопровождал историю гоменидов во все века, а кое-где сохранился и в наши дни.

Климат планеты менялся и подталкивал гоменидов (человекообразных обезьян) и прочий животный мир к поискам новых мест обитания, где существуют условия для выживания. Ученые: археологи, палеоантропологи, палеогенетики обобщая теорию происхождения человека, опираясь на новые находки всё дальше отодвигают датировки и места выхода из Африки Гомо сапиенс и других видов гоминидов. Сколько было таких исходов, сколько видов гоминидов выжило и пересекались ли между собой, происходила ли метисация видов – это всё ещё предстоит узнать. Но одно мы знаем уже сегодня. Мозг Неандертальцев и мозг Гомо сапиенс были равны по объему 1650 см^3. Такой большой мозг, хотя ещё не отягощенный знаниями, позволял выживать в изменяющихся условиях. Жить в больших популяциях. Пользоваться огнем и обрабатывать на нем пищу, делать каменные и костяные орудия, совместно охотиться, общаться и приспосабливаться к местным климатическим условиям.

Осваивая просторы планеты, выживший в соревновании вид Гомо сапиенс жил в больших популяциях охотников-собирателей, двигаясь все дальше по планете. Как и в любом сообществе животного мира, существовали доминантные особи, стремившиеся к подчинению других членов сообщества. Совместная охота и дележ пищи между членами популяции способствовали превращению Гомо сапиенс в людей живущих в первобытно-общинных сообществах, общающихся звуковыми сигналами, а затем и словами. Это обстоятельство способствовало появлению речи и первых религий. Тотемные религии и установленные табу позволяли держать популяцию в подчинении и послушании. Нарушители изгонялись либо съедались во время общей трапезы. Жизнь вне популяции была невозможна. Одинокий человек погибал в условиях дикой природы и множества разнообразных хищников.

Подчинение правилам ранних форм религий и доминантности вождей, подавляло инициативы мозга и потребность бороться. Такое подчинение не могло пройти бесследно для человеческой популяции. Мозг современного человека уменьшился на 50-250 см^3. К счастью строение мозга не передается по наследству. Каждый мозг индивидуален. При рождении человек появляется с уже готовым строением мозга, сформировавшемся в утробе матери. От родителей и окружающей среды зависит развитие мозга человека, а следовательно его судьба и вся его жизнь.

Наш вид прошел через 5 тысяч лет построения цивилизационного общества от рабского труда до всеобщего равенства. Мы так и смогли найти путь, когда все люди на планете Земля будут жить счастливо и мирно. Мы достигли почти 8 миллиардного населения планеты. Мы достигли массового производства средств уничтожения себе подобных. Ядерного, бактериологического, химического, лазерного, космического оружия. Наше завтра неизвестно, поскольку наш вид разобщен политически, социально, психологически, демографически, экономически, гендерно, этнически, идеологически, религиозно, расово, национально и культурно. Основой поведения человека всегда было и всегда будет закономерность инстинктивных мотивов заложенных в нас природой. Еда, размножение, доминантность.

НОВОЕ ВРЕМЯ

Проходили века и тысячелетия. Вид Гомо сапиенсе уже давно забыл о своем обезьяним прошлом и с подачи религии, считал себя существом, созданным по образу и подобию самого Господа Бога, полагая, что люди, являются не частью животного мира планеты, а являются хозяевами всего сущего, созданными согласно Божьему повелению. Так учит любая религия, так написано во всех религиозных учебниках, так вещают доминантные религиозные учителя. Хотя мозг Гомо сапиенса со временем уменьшился, но науки и знания за 5 тысячелетий цивилизаций сделали мозг человека невероятно изощренным и изобретательным. Объем знаний позволил человеку изобретать почти равные мозгу вычислительные машины. Познать суть строения ДНК и элементарной единицы строения всех живых организмов - живой клетки. Цивилизация принесла человечеству немыслимые ранее блага и преимущества. Полеты в космос, плаванье подо льдами, прокладывание туннелей в горах и возможность перекрытия рек. Человек стал подобен Богу.

Доставшаяся от предков-гоминидов лимбическая система требовала от человека поступков связанных с биологической сущностью живого организма. Последняя требовала еды (энергия), размножения (при отсутствии потомства вид вымирает), доминирования (получение преимуществ среди своего вида). Эти три основные закона всегда руководили и будут руководить видом Гомо сапиенс, поскольку такова биологическая природа человека.

Современный человек разительно отличается от своих предков, живших тысячи лет назад. История цивилизаций и государств, пройдя кровавый путь уничтожений себе подобных и разрушений городов и стран, пыталась вывести разумную формулу мира и всеобщего благоденствия. Демократия сменялась тиранией, абсолютизм сметала республика, династическое царствование заменилось социалистической диктатурой пролетариата, плавно перешедшей в тиранию. Поиск системы, способной привести ко всеобщему благу и процветанию случайно открыли первые поселенцы заново открытого континента, Америки. Люди искавшие религиозные свободы, нашли свободу возможностей, отстояли свои права в войне за независимость от монархического правления, за право строить общество на принципах равноправия. Право свободного предпринимательства и право сохранять и накапливать заработанные ценности создали основу процветания этой страны. Мозг Гомо сапиенса, в соответствии с инстинктами заложенными в лимбической системе утроен так, что забота о потомстве заставляет родителей делать все возможное, чтоб потомки жили лучше, чем жили они сами. Получали лучшее образование, могли воспользоваться нажитым родителями имуществом, стали уважаемыми людьми в обществе. Все эти возможности предоставляла страна Америка. Капиталистическая философия экономической системы, основанная на частной собственности и свободе предпринимательства. Стремление любого индивидуума к увеличению капитала и получения прибыли.

В противовес здравому смыслу идеи Карла Маркса, претворенные в жизнь его верными последователями приводили к краху общество в любой стране, отказавшейся от естественной биологической природы Гомо сапиенс. Утопическая и мифологическая система ценностей, навязываемая марксистами не работает. Никто не хочет создавать ценности, а затем отдавать тем, кто хочет только получать.

Человек хочет иметь свою семью, своих потомков, свое жилье и создавая материальные ценности, отдавать их своей семье. Социалисты всех мастей декларируя либерализм, отталкиваются от концепции всеобщего благосостояния. За этим стоит простое и примитивное решение. У тех, кто имеет много, надо отнять и разделить между теми, кто не имеет. Это простое на взгляд решение имеет один, но решающий недостаток. Кто-то должен снова и снова создавать ценности, чтоб было что делить. Никто и ничто создавать не будет, зная что это отнимут и раздадут другим. Птицы носят в клюве питание своему потомству, которое только пищит раскрывая клюв. Родительский инстинкт заставляет родителей заботиться о своем потомстве. О своем, а не о чужом.

Такова и биологическая природа Гомо сапиенс. Никакой Маркс или Ленин не в состоянии изменить биологическую природу людей. Все марксистские эксперименты с созданием общества всеобщего благосостояния, когда государство становиться диктатором, заботящемся об обществе, заканчивались кровавой тиранией, преследованием инакомыслящих и отсутствием свобод. Последнее время среди крайне левых нео-демократов и глобалистов звучат голоса, призывающие отказаться от частной собственности. Это абсолютно не новая идея социал-коммунистов уже пыталась перестроить общество по новому принципу. Семья, пережиток прошлого, дети содержаться в социальных институтах, проживание в социальном жилье не отвлекает от главной задачи, построения счастливого будущего для всего человечества. От каждого по способности, каждому по потребности. Ближе всех к этому светлому образу счастливого человеческого бытия в 21 веке подошло населения Китая. Воодушевленно скандируя лозунги восхваляющие Китайскую Коммунистическую Партию, население одетое в специальную униформу, шагает под звуки военного оркестра, салютуют родной партии и любимому вождю.

Не в пример Китаю, СССР так и не смог воплотить эту замечательную идею, хотя вождь мирового пролетариата товарищ Сталин И.В выкосил едва ли не половину населения страны. Государственная громоздкая машина, распределяя и нормируя всё и вся, пыталась охватить все сферы жизни страны, что неизменно приводила к обнищанию населения, отсутствию необходимых товаров и услуг, снижению уровня жизни и сокращению её продолжительности. Громадный аппарат управления требовал огромного количества чиновников-управленцев, создавал невиданные коррупционные возможности, которым не пользовался только ленивый. Человек встроенный в коррупционную систему осознавал, что возможности выданы для дележа с теми, кому он обязан своим положением и выдвижением. Круговая порука всего общества создавала одиозные человеческие типы, где лицемерие являлось достоинством, а желание доказать правду нелепым, глупым и опасным для окружающих. Ложь, лицемерие, подхалимство, подлость диктовали поведенческие мотивы, где каждый мог оказаться соглядатаем и доносчиком.

Для подавления несогласных создавались специальные обученные и экипированные войска на случаи волнений или демонстраций. Коррумпированные суды выносили жестокие приговоры за публикации, выступления или другие действия, неугодные властям. Аппарат подавления: специальные войска, коррумпированные суды и пыточные тюрьмы создавали атмосферу страха и покорности.

Такова участь любой социалистической системы, созданной вопреки биологическим законам развития Гомо сапиенс. Почему же вновь и вновь люди стремятся создать подобное общество? Ответ как и всегда лежит в инстинктах, заложеных в лимбической системе человеческого мозга: еда, размножение, доминантность.

Создавая любое движение, его лидеры сознательно стремятся к власти. Последняя отвечает всем желаниям, которые руководят подобными лидерами. Мотив именно этот, но обставлен бесчисленным количеством лживых и несбыточных обещаний. Умение обещать необходимое достоинство любого лидера. Человеку свойственно верить в светлое будущее равных возможностей. Ему говорят: «*Вот смотрите сколько этот индивидуум нажил капитала. А зачем ему столько? Это вы сделали его таким богатым. Он грабил вас и вашу семью. Давайте отнимем у него, ну скажем 95% и раздадим всем, кто нуждается. Это же только справедливо.*»

Эта нехитрая философия находит благодатную почву среди тех кто беден, неудачлив, слабоволен, зависим, а зачастую просто ленив. Верные ученики Маркса опирались на пролетариат. В отличие от крестьян, имеющих клочок земли, плуг в который впрягались всей семьей, а некоторые даже могли иметь собственную скотину, пролетарии не имели ничего. Они были идеальной средой для марксистов. В современном обществе существует множество индивидуумов, не приспособленных к выживанию в конкурентной среде. Нелегальная иммиграция по всему миру, толкает людей в неблагополучных, коррумпированных странах искать для себя и своего потомства лучшей доли. Они бегут от гражданских войн, разрухи, беззакония, коррупции и голода. В Северной Америке нелегальных иммигрантов на 2019 год насчитывалось более десяти миллионов. В Европе неконтролируемое перемещение мигрантов из стран Азии и Африки способствовало хаосу и жертвам.

Власти ЕС пытаясь регулировать и распределять потоки мигрантов между государствами членами ЕС, столкнулись с жестким сопротивлением новых членов союза. Восстанавливались внутренние границы с пограничным контролем. Евросоюз захлестывают неконтролируемы волны из стран Ближнего Востока и Африки.

История США разительно отличается от путей развития в других стран. Начало развития этой страны в многом схожи с другими колониальными странами. Но эту страну населяли совершенно другие люди. Дух свободы и независимости, тяга к предпринимательству, желание пробиться наверх, трудолюбие и здоровый авантюризм создал новую нацию, отличную от покорной во множестве поколений европейских народов. Америка, страна возможностей, открытых для любого человека. Все что нужно – это желание преуспеть, если не разбогатеть, то стать финансово независимым, приобрести свое жилье, создать семью.

Естественно не у всех это получается. Каждый получил в наследство определенный объем и строение мозга. Кому-то повезло и ему помогли развиться и найти себя в этой жизни. Другому судьба не приготовила любящих и заботливых родителей. Многие из них пробивались самостоятельно и они больше подготовлены к этой жизни, чем те, кого опекали и помогали. Разумеется многие не смогли, или сдались после неудачной борьбы за место под солнцем. Те, кто не сдался, кто пытался снова и снова карабкаться вверх по социальной лестнице, через одно-два поколения добивались успеха. США стали мировым лидером во множестве областей человеческой культуры, искусств, темпов роста экономики, науки, знаний, военной мощи и помощи другим странам. Все это меньше чем за четверть тысячелетия.

Отцы Основатели Конституции этой уникальной страны, США, пытались предусмотреть все возможности для сохранения формы правления новой республики на долгие будущие века. К сожалению они допустили ошибку, сами того не подозревая, но которая со временем разрушит эту достойную всякого восхищения и подражания систему ценностей. Отцы Основатели, многие из которых были рабовладельцами, не могли предположить, что подобная система человеческих взаимоотношений, когда один человек является собственностью другого человека, является эксплуатаций и нарушением элементарных прав человека. Они, написавшие Декларацию независимости 4 июля 1776 году где сказано: *все люди сотворены равными и все они наделены Творцом неотъемлемыми правами, к числу которых принадлежит жизнь, свобода и стремление к счастью.*

Могли они предвидеть к чему приведет рабство в стране, которую они создавали? Это предположение мало вероятно. Как это могло произойти? Прошло почти четверть тысячелетия. Отцы Основатели были пионерами в создании конституции равноправия и не могли предвидеть как изменяться общественные отношения в обозримом будущем. Рабство было нормой в сознании людей того времени. Рабство существовало в истории Гомо сапиенс с доисторических времен. В рабов превращали пленников и должников, а позже и подневольных людей работающих на своего хозяина. В США чернокожих рабов из Африки привозили работорговцы и продавали на рынках страны. Южные штаты использовали подневольный труд рабов как в сельском хозяйстве, так и в обслуживании в домашних хозяйствах.

Цена этой трагической ошибки, рано или поздно должна была привести к глубочайшей пропасти в социуме страны. То, что происходит в Америке сегодня было заложено Отцами Основателями при создании Конституции США. Будучи рабовладельцами они решение проблемы рабства решили отложить на 20 лет, для следующего поколения. Цену за эту ошибку платит поколение живущее сегодня в стране.

В Европейских и мусульманских странах в течение тысячелетий рабский труд был распространенным явлением. В Царской России крепостные крестьяне были по сути рабами, которых продавали и покупали. Крепостное право отменил своим указом царь Александр II, 3 марта 1861 года.

Рабство и колониальная политика большинства стран несомненно повлияла на будущее мирового сообщества. Последствия этого явления еще предстоит оценить и переосмыслить. Любой здравомыслящий современный человек сожалеет и осуждает то, что происходило в прошлом. Но как известно, история не имеет сослагательного наклонения. Или как говорят англичане: *«Что толку плакать по пролитому молоку.»*

Чернокожее население США, вырастало с сознанием, что они потомки рабов, привезенных насильно в кандалах и проданных хозяевам для рабского труда.

Гражданская война в США 1861-1865 годов между Севером и Югом страны освободила чернокожее население страны от рабской зависимости. Но осталась сегрегация, разделявшая белых жителей страны и чернокожих. Предпринимались многочисленные усилия помочь новым гражданам страны, чернокожему населению вписаться в общую культуру населения США. То, на что требуются многочисленные столетия и множество сменяемых поколений, пытались разрешить подачками и преимуществами. Множество чернокожих граждан страны добились невероятных успехов в различных областях. В искусстве, музыке, спорте, политике, здравоохранении, образовании, производстве товаров, сфере услуг, на правительственных и государственных должностях.

Первый темнокожий президент Барак Обама стал президентом США и Нобелевским лауреатом. Но это все не улучшало общую ситуацию. Сегодня в США проживает около 330 миллионов человек, где чернокожее составляет 12.7%.

К 2020 году афроамериканское население страны составляло внушительную цифру более 42 миллионов человек. Многие из них и сегодня испытывают социальные проблемы, связанные с низким уровнем образования, высокой преступностью и семейными кризисами.

Расслоение в обществе не могло не вызвать протестного движения. Массовые протесты против расизма и надуманного полицейского произвола в 2020 году, послужили почвой для появления массовых движений за права чернокожего населения, *Antifa – Антифа, Black Lives Matter- Жизнь Черных Имеет Значение*, множество других мелких групп.

Для Демократической партии эти группы, выступающие за права чернокожего населения, оказались идеальными для создания ударных отрядов, в борьбе за верховенство во всех органах власти: президентство и обе палаты Конгресса. На счета этих организаций переводились огромные суммы денег. Полиции и властям на местах было запрещено препятствовать свободному и мирному протесту волеизъявления народа.

За прошедшие с тех пор годы, организации Антифа и Жизнь Черных Имеет Значение, (Antifa, Black Lives Matter) получили громадные денежные средства от своих покровителей, организовывая нападения на бизнесы, мирных жителей и полицию, разрушая всё на своём пути, громя частную собственность, поджигая полицейские машины и участки.

Они оставляли после себя разбитые витрины и ограбленные магазины, разрушенные сожжённые дома и машины, терроризируя напуганных жителей. БЛМ движение уже существовало в течение семи лет, проводя различные уличные акции, манифестации, излагая свои идеи в публикациях в соцсетях. Они блокировали трассы и перекрывали улицы. В июне 2020 года БЛМ устроили протесты в городах США и Британии, в связи со смертью чернокожего Джорджа Флойда. Он был задержан полицией Миннеаполиса в штате Миннесота. При задержании оказал ожесточенное сопротивление. Полицейские применили жесткие меры при аресте. Флойд был доставлен в больницу, где впоследствии скончался. Хотя следствие выяснило, что смерть наступила в результате имевшихся у него различных заболеваний и интоксикации, его смерть привела к многочисленным протестным акциям.

В США в этих протестах участвовало более 20 миллионов американцев. По опросам движение БЛМ поддерживали 50% американцев. Никого не смущало, что сам герой вспыхнувших волнений и беспорядков, Джордж Флойд, 1973 года рождения, высокого роста и спортивного телосложения был задержан полицией. Его не раз арестовывали за кражу и хранение наркотиков. В 2007 году был обвинен в вооруженном ограблении, был осужден на 5 лет тюремного заключения. Рецидивист-уголовник, мучитель и насильник женщин, наркоман и торговец наркотиками, жестокий и злобный преступник. Он был арестован сотрудниками полиции после звонка работника магазина, который обвинил Флойда в оплате покупки поддельной купюрой.

При аресте Флойд оказывал отчаянное сопротивление и полиции пришлось применить силу. Полицейских обвинили в превышении должностных полномочий, сам Флойд был доставлен в больницу где и скончался. Смерть Джорджа Флойда послужила спусковым крючком к стихийным выражениям гнева. Банды громили витрины магазинов, с непременным грабежом товаров внутри них. Поджоги машин, нападения на полицейских, насилия и убийства на улицах городов. Все эти вакханалии сопровождались требованиями о лишении полиции фондов и всенародного покаяния белого населения страны за сотни лет рабства чернокожего населения. Обязательные репарации и предоставления чернокожему населению преимущества, вплоть до переселения афроамериканцев в дома принадлежавшие белокожему населению. Последние обязаны каяться в совершённых преступлениях, вставать на колени и целовать ноги или обувь афроамериканцам. Отказывающихся совершать подобные ритуалы, молодежные банды избивали. Они же захватывали отдельные участки городов, которыми руководили демократы, превращая их в зоны, *свободные от присутствия полиции*. В этих гетто существовал произвол, насилие, грабежи, перестрелки между бандами и убийства.

Со дня смерти Джорджа Флойда 25 мая 2020 года волнения не утихали, но главы штатов руководимых демократами, отказывались от любой военной помощи предлагаемой президентом Трампом для наведения порядка. Полицейским запрещалось вмешиваться в происходящее, а если кто-то подвергался арестам за насильственные преступления, всегда находились средства для освобождения под залог. Суды отпускали бандитов на свободу, не вникая в суть совершенного преступления. Громко высказывались мнения, что подобные поступки совершались как месть за столетия рабства и унижения. Власти называли эти погромы, мирными протестами граждан страны. Ограбления дорогих магазинов и модных бутиков оправдывалось тем, что отверженные никогда не имели шанса купить подобные дорогие вещи. *Грабь награбленное*, девиз большевиков, уничтоживших российскую царскую империю в 1917 году.

Этот переломный год в истории США с жесточайшей пандемией, вызванный пришедшим из Китая вирусом КОВИД-19, сопровождался бунтами и грабежами, вакханалией вражды и третирования избранного президента Дональда Трампа, в течение всего срока его президентства. Чем же так не угодил президент Нео-Демократической партии США?

Неожиданное появление Дональда Трампа на политической арене страны воспринималась всеми влиятельными и могущественными группировками страны как злая новогодняя шутка. Для них он представлялся клоуном и шоуменом, не очень умным и естественно не опасным. За 16 лет правления Клинтонов и Обамы демократы расставили нужных и полезных людей на все нужные ключевые места. Похоже на конспирологическую теорию? Возможно, но как-то сложно объяснить откуда вдруг в 2020 году появилось такое организованное и действенное сопротивление желанию Трампа президентствовать еще четыре года. Последний успел за первый срок своего пребывания на посту президента создать демократам множество проблем, лишил многих стабильных и обильных доходов. Разорвал множество важных и нужных связей как внутри страны, так и на международном уровне. Представить что он может натворить еще за последующие четыре года пребывания на посту президента, было не просто пугающе, но могло плохо кончиться для многих могущественных людей. Несмотря на обрушившееся на президента расследование спецпрокурора Мюллера, шельмования в СМИ, противодействия Палаты представителей, клевету и обманы в силовых структурах страны, попытки импичмента, обвинения в сексуальных домогательствах, травля его семьи и детей, он не сдавался и продолжал борьбу за экономику страны, улучшение ситуации на Ближнем Востоке и во всех частях планеты, борьбу за честные отношения между странами-партнерами, борьбу за мир и возвращение американских солдат домой.

КОМУ МЕШАЛ ТРАМП

Демократам властных структур Дональд Трамп просто мешал и они хотели от него избавиться любым способом. Глобальные интересы множества заинтересованных лиц и государств требовали кардинальных решений проблемы под названием Дональд Трамп. Кто все эти люди, организации, интересы, идеологии и государства которым противостоял Дональд Трамп?

В США он представлял консервативную идеологию капиталистической системы развития экономики. Производство и распределение, базирующееся на частной собственности, юридическом праве и свободе предпринимательства. Он пришел из мира бизнеса, где все подчинено законам увеличения прибыли и уменьшение базы налогообложения, для выживания в соревновании.

Подобная идеология являлась полной противоположностью идеологии демократов. Вернув контроль над Палатой представителей в 2018 году, главным приоритетом для них стало получение контроля над Сенатом и

Белым домом. Подобное преимущество могло позволить избирать в будущем президента-демократа, послушного воле законодателей. Власть, как давно известно виду Гомо сапиенс, позволяет исполнять три основные функции заложенные биологической природой человека: еда, размножение, доминантность. Занимая господствующее (доминантное) положение в обществе, политическая элита получает неконтролируемые возможности (дольче вита) сладкой жизни (недвижимость, ценности, веселый и счастливый праздник жизни) и как вершина возможностей, обеспечивание потомства в третьем и четвертом поколении.

Трамп не только являлся главным препятствием к этой славной мечте, он мог разрушить устоявшееся статус-кво политической жизни элиты. Он грозился «осушить вашингтонское болото», что означало изгнание со всех ведущих постов в силовых и политических структурах нужных и важных людей, связанных в один мощный узел. Принцип разделения власти и взаимопомощь при распределении возможностей, мог рухнуть и похоронить все надежды, казавшиеся так доступными и осуществимыми.

Самые крамольные мысли высказанные Трампом – это изменение сроков пребывания в законодательных ветвях власти. Этим он нажил себе врагов со всех сторон. Для чего люди идут в политику, вершиной достижения которой является постоянное пребывание во власти. Естественное для вида Гомо сапиенс потребность обеспечить основные инстинкты вида (еда, размножение, доминантность). Пребывание во власти в современном мире отвечает всем этим инстинктам. Уважение в среде себе подобных, обеспеченное существование и славная старость, прекрасная жизнь для себя и своих потомков, финансовые возможности без риска потерять все в неблагоприятном случае.

Президенство страны, согласно Конституции ограничено двумя сроками по 4 года. Пребывание в любой палате Конгресса, количество сроков неограниченное. Джо Байден пребывал в Конгрессе 47 лет, и это не рекорд. Джон Дингелл прослужил в Конгрессе более 55 лет.

Дональд Трамп покусился на святое. Предлагая ограничить пребывание в Конгрессе двумя сроками, а затем лишая славных пенсий и привилегий отправлять на прежнюю работу, в прежнюю жизнь. Он подписал себе приговор. Эстафету подхватил сенатор Тед Круз:

Сегодня я и мои коллеги вновь внесли поправки в конституцию, чтобы наложить ограничения на срок для членов Конгресса. Поправка ограничит сенаторов США двумя шестилетними сроками, а членов Палаты представителей США - тремя двухлетними сроками.

Учитывая что новая конституционная поправка внесена на рассмотрение в конце января 2021 года, когда обе палаты Конгресса и Белый дом по сути принадлежат демократам, такая поправка не пройдет. Демократам, только что завоевавшим все господствующие позиции, Тед Круз предлагает сделать себе харакири. Это очень смело и наивно. Шансов нет, но эта позиция озвучена и кто знает, может быть когда-нибудь найдется ещё один смелый человек, способный провести эту поправку в жизнь. Теду Крузу возможно придется заплатить высокую цену за такое дерзкое озвучивание поправки к конституции.

Против Дональда Трампа выступали единым фронтом все ветви власти: законодательная, исполнительная и судебная. Отвергнув все принципы законности, справедливости, здравого смысла, нарушив Конституцию США заговорщики были одержимы одной идеей, отстранение законно избранного президента США Дональда Трампа от власти. На стороне президента осталась небольшая группа республиканцев и 75 миллионов американцев, отдавших за него свои голоса.

Ложь, предательство, подтасовки результатов голосования 3 ноября, смогли создать видимость демократической передачи власти победителю гонки, Джо Байдену.

Против Дональда Трампа, впервые в истории США, выступили объединенным фронтом:

Все спецслужбы страны,

Все демократы и значительная часть республиканцев,

Все социальные сети,

Все СМИ, за редким исключением,

Весь банковский сектор, финансовые воротилы и страховые компании,

Большинство персонала Белого дома.

Армейские генералы, отказавшиеся весной 2020 года ввести национальную гвардию в города, где погромщики громили частные и государственные здания.

Военно-промышленный комплекс, зарабатывающий на производстве оружия. Трамп не втянул страну ни в одну войну, а напротив возвращал американских солдат домой.

Против Дональда Трампа сгруппировались лидеры стран, противники США. Китай, Россия, Иран, Венесуэла, официальные лица некоторых стран Европы, стран третьего мира.

Что успел сделать Дональд Трамп за четыре года своего президентства?

Оказал мощнейшее влияние на экономику страны.

Снизил безработицу до рекордного низкого уровня за всю историю США, в том числе для чернокожего населения, латиноамериканского, азиатского и для женщин.

Указал странам НАТО на несправедливо низкие расходы на содержание блока стран ЕС, вместо оговорённых 2% ВВП, тем самым сэкономив США многие миллионы долларов.

Вёл прямые переговоры, впервые в истории встретившись с северокорейским диктатором Ким Чен Ыном.

Трижды номинировался на Нобелевскую премию мира.

Президент Дональд Трамп вскрыл коррупцию «Глубинного государства», включая ЦРУ, ФБР, АНБ, в судах всех уровней, а также в обеих правящих партиях.

Восстановил армию США, увеличив бюджет последней свыше 700 миллиардов.

Обвинил Китайские коммунистические власти в возникновении и распространении вируса КОВИД-19, скрывшим информацию о возможности распространения вируса, что привело к глобальной пандемии. Более 120 стран поддерживают требование провести расследование причин пандемии коронавируса и предъявить иски к КНР по итогам разбирательства. Компенсации за последствия пандемии могут вырасти до 30 триллионов долларов.

Мир обязан президенту Дональду Трампу скорейшей разработке вакцины в кратчайшие в истории сроки.

Трамп выступил посредником при заключении ближневосточных соглашений между арабским странами Персидского залива и Израилем, впервые за 71 год бесконечных войн и противостояний.

Дональд Трамп отказался от зарплаты президента США в $400 000 в год.

— *Мой отец потерял целое состояние, когда баллотировался в президенты США. Но ему это безразлично,* — Дональд Трамп-младший.

Дональд Трамп практически выполнил все свои предвыборные обещания.

Важность положительных изменений сделанных за четыре года президентом Трампом, невозможно переоценить.

За 16 лет правления Клинтонов и Барака Обамы демократы смогли произвести кардинальные изменения во внутренней политике страны.

Обвинения президента Трампа в расизме, ксенофобии (неприязнь к чужим, иностранным), гомофобии (неприязнь к людям с нестандартными сексуальными предпочтениями), сексизме (дискриминация по половому признаку) и крайне правыми политическими взглядами. Обвинения в поощрение нетерпимости и антагонизме ко всему, что не соответствовало представлению Трампа об устройстве общества в США. Он лидер тех, кто не разделяет принципы левых демократов, они являются по выражению мадам Клинтон: deplorable people, (прискорбные, скверные, позорные, ненавистные, отвратительные...).

Ненавидимый демократами 45й президент США Дональд Трамп, стал для 75 миллионам американцев, и множеству здравомыслящих людей во всем мире лидером свободы, процветания и мира.

Джимми Картер, демократ находясь на посту президента страны 19 сентября 1979 года подписал указ о создании департамента SES Senior Executive Service,

Служба Старших Руководителей. В созданный департамент принимали лучших, наиболее талантливых и естественно разделяющих взгляды демократических лидеров.

Разумеется шкала оплаты подобной элиты превышала средний уровень заработной платы государственных служащих. Эти люди должны были встать во главе всех федеральных служб с целью оптимизации в управлении данных служб. Члены элитного сообщества SES заняли посты практически в большинстве государственных департаментов и министерств. Эта мощная корпорация является основой Глубинного государства, *"Deep State",* которое руководит сопротивлением и торпедирует все попытки Трампа остаться еще на один срок в Белом доме.

Барак Обама провел реорганизацию во всех государственных органах, расставляя нужных людей на важнейшие государственные посты, включая разведывательные службы и армию. Так создавался *«Deep State»*, «Глубинное государство», армия высших государственных чиновников, верная опора Демократической партии. Барак Обама, перед своим уходом, осознавая опасность для своего наследия *(legacy)*, а возможно и расследования различных обстоятельств его правления, провёл совещание важнейших руководителей страны. На нем присутствовали: Вице-президент Джо Байден, глава ФБР Джим Коми, глава ЦРУ Джон Бреннен, госсекретарь Джон Керри, советник президента по национальной безопасности Сьюзан Райс. Из записей Джона Бреннана: *«Любые свидетельства сотрудничества между штабом Трампа и Россией».*

Это совещание стало отправной точкой, «*Планом Б*» в случае избрания Дональда Трампа. Тогда было решено начать слежку за семьей и штабом Трампа и окружающими его помощниками. Обама предупредил: *все должно быть законно.*

После явной угрозы Дональда Трампа, *осушить вашингтонское болото*, на него обрушилась вся мощь *Глубинного государства*. Расследование спецпрокурора Мюллера, продолжавшееся 2 года, требовало постоянных ответов и отнимало много сил и времени.

Ангажированное СМИ ежедневно выливало море грязи, сплетен, домыслов и откровенной лжи на действующего президента. По сути единственный новостной канал, Фокс новости, поддерживал имидж президента, проводя с ним интервью и показывая реальные факты деятельности Трампа на посту президента.

Экономические и политические заслуги Дональда Трампа, могли создать любому на его месте славу величайшего президента Америки, наравне с Авраамом Линкольном. Демократы и СМИ охаивали и высмеивали всё, что делал Трамп, пытаясь всячески помешать ему проводить важные и нужные преобразования во множестве законодательных, политических и экономических областях страны.

Социальные сети, интернет-площадки за последние годы выросшие в гигантские корпорации, конкурировали наравне со СМИ, а чаще побеждали последних в борьбе за информацию и распространение рекламы. Посетители социальных сетей становятся лояльными сторонниками пропагандируемых сетями идей. Владельцы социальных сетей за достаточно короткий срок становились миллиардерами, которые не просто хотели поддерживать имидж и доходы сети, они хотели влиять на политику, диктуя условия использования своих сетей, не неся ответственности за контент.

Современное общество предпочитает общение в социальных сетях, таких как Фейсбук, Твиттер, Гугл, ВКонтакте, Телеграмм и прочих. Подавляющее большинство из них поддерживает демократов. Трамп подписал указ против цензуры в социальных сетях.

Он также потребовал исключить из закона *«об этике в сфере коммуникаций»* статью 230. *Социальные сети, замешанные в цензуре или политических действиях, не будут обладать защитой от ответственности.*

Митч Макконелл, республиканский лидер большинства в Сенате, набрав вместе с демократами достаточно голосов опрокинул вето президента.

Адвокаты Трампа собрали достаточно доказательств вмешательства в президентские выборы 2020 года со стороны Китая, России, Ирана и других стран, что позволяло ему воспользоваться введением режима чрезвычайного положения, вводимого в стране или отдельных районов для защиты от внешней или внутренней угрозы, для поддержания общественного порядка и национальной безопасности. Указ президента о введении чрезвычайного положения 13848 подписаное президентом Трампом в сентябре 2018 года, было продлено. Президент Трамп своё поражение на выборах не признал, но предпочел не вводить режим ЧС.

Президент-элект (выбранный) Джо Байден готовился принять присягу 20 января 2021 года. Что будет происходит в стране после ухода Трампа?

Можно было с уверенностью предсказать, что рано или поздно, что демократы придут к власти. Просто потому, что их станет больше и демократическая система выборов органов власти даст им большинство голосов. Никакому американскому президенту даже не придет в голову подавить лево-радикальные движения силой. Для этого нужен диктатор, не боящийся кровопролития. Но тогда это будет не Америка, а Россия, Белоруссия, Венесуэла или любое другое диктаторское государство.

Существует ли решение создавшегося положения, когда лево-радикалы рвутся к власти и у них есть все рычаги для решения этой проблемы?

В России существовал известный вечный вопрос:

— *Что делать? Кто виноват?* (А. Герцен и Н. Чернышевский.)

В США было принято 27 поправок к Конституции. Для спасения страны вероятно существует только один путь – принять ещё одну - 28-ю поправку, хотя шансы на то, что это когда-либо случится, чрезвычайно малы. Согласно статье пятой Конституции США, для новой поправки необходимо 2/3 голосов всего Конгресса (Палаты Представителей и Сената), что при нынешнем политическом климате невероятно. Но кто знает, в какую сторону повернётся история в будущем, особенно если когда-нибудь на выборах левые будут побеждены. Так что же это за поправка, которая могла бы спасти страну?

Все беды в стране вытекают из фундаментального дефекта демократии – всеобщего избирательного права. Это значит, что масса неработающего населения, живущего на пособия и поддержку государства, всегда будет голосовать за тех, кто пообещает и даст им новые привилегии и подачки. Как снежный ком, это неизбежно приводит к постоянному росту населения которое предпочитает жизнь на пособии, а не в борьбе за лучшую жизнь. Это будет продолжаться до тех пор, пока страна не свалится в экономическую пропасть и её постигнет участь Древнего Рима.

Демократия беззуба и беспомощна. Отсутствие демократии ведет к тирании. Сама демократия тоже ведет к тирании, когда количество иждивенцев и желающих использовать систему для собственного блага превысит критическую массу. Это тот случай, который толкает сегодняшнюю страну, США, в пропасть социализма.

Поэтому 28-я поправка должна ограничить право голосования только для граждан, которые не живут на государственные пособия. Иными словами, выбирать правительство смогут лишь те, кто зарабатывает и платит налоги. Возрастной ценз дающий право голоса ограничивается от достижения 35 лет до 70. Население не желающее работать и платить налоги не должно определять судьбу государства.

Ещё одно обязательное изменение должно касаться Палаты представителей Конгресса. Право распоряжаться финансовыми средствами страны и составление бюджета должно перейти к специальному министерству, связанным с налоговым управлением.
Представленный бюджет и выделяемые средства утверждаются Конгрессом и подписываются президентом.
Существующий сегодня порядок, когда финансами страны распоряжается Палата представителей является «коррупционно-ёмкой», создающей основные проблемы нестабильности общества.

С середины XX века в школах и университетах США существует массированная промывка мозгов молодёжи. Большинство университетских профессоров пропагандируют либеральные ценности. Профессора убеждают студентов в преимуществах социализма перед капитализмом.

Политкорректность стала необходимым условием при получении высшего образования. Чернокожие афроамериканцы преподносятся как жертвы расизма белого населения страны, имеющие право выражать свой праведный гнев разрушениями и поджогами. Белое население обязано искупить грех преступлений, совершаемый с момента появления на американской земле первого чернокожего раба в кандалах.

В 70-х годах прошлого века Америка полностью покончила с сегрегацией чернокожих и даже пошла дальше, предоставляя афроамериканскому населению преимущественные права при устройстве на государственную работу, прием в высшие учебные заведения и множество других привилегий, недоступных белокожему населению страны.

Чернокожее население воспринимает все эти нововведения как должное. Показное внимание и почитание, коленопреклонения, целование обуви, навешивание на белых людей ярлыка "расист" и призывы отменить американский гимн, поддерживает большая часть белого населения, воспринимающая пропаганду социалистических ценностей профессорами вузов, общей позицией общества с одобрением. Демократы призывали молодёжь сносить памятники белым "расистам", подстрекая и направляя чернокожих грабителей на беспорядки, захват целых городских районов, где устанавливалась анархическая власть.

В 80-е годы прошлого века началась компьютерная революция, в корне изменившая жизнь планеты. Гиганты новых технологий, такие как Эппл, Майкрософт, Гугл, Фейсбук, Твиттер разделили историю цивилизации на до и после. Технологическая революция способствовала появлению глобализации, связанной с переводом производств в страны, где уровень жизни значительно ниже уровня в развитых странах. Дешевая рабочая сила, более низкие требования к условиям труда, отсутствие требований к защите окружающей среды способствовали переводу производств в страны третьего мира. Полученные товары можно выгодно продавать в платежеспособных странах с твердой валютой. Китай, страны Азии производят продукцию, а продается она по всему миру. Так например, 95% антибиотиков поступающих на рынок США производились в Китае. Американские производства закрывались за ненадобностью, увеличивая безработицу. Технологические гиганты захватившие информационный рынок, согласовывали свои действия, решая что разрешено к публикации и что запрещено. Фейсбук, Гугл (u-tub) и Твиттер заблокировали каналы президента страны Дональда Трампа, утверждая что его высказывания по поводу фальсификаций во время выборов: *используются для подстрекательства к насилию.*

К президентским выборам 2020, Демократическая партия готовилась захватить власть, понимая реальную угрозу президенства Дональда Трампа на последующие четыре года. Это угрожало самому существованию демократов во власти. Потери всего достигнутого за годы правления Клинтонов и Обамы. Был разработан план, в основу которого были заложены манипуляции с голосами избирателей. Dominion Voting System (Доминион Система Голосования) поставила машины для автоматического подсчета голосов. Эти системы были разработаны для диктатора Венесуэлы, Уго Чавеса. Система подсчёта голосов: Dominion Voting Systems Corporation – Доминион корпорация, продающая оборудование и программное для электронного голосования. Машины для голосования и табуляторы и обеспечение.

Штаб-квартира компании расположеная в Торонто, Канада, Scytl Secure Electronic Voting, Сайтл разрабатывала программное обеспечение для подсчета голосов на выборах. Один из акционеров компании, муж Нэнси Пелоси. Компания является испанским поставщиком систем электронного голосования и технологий. Все данные проходят через серверы расположенные во Франкфурте на Майне, Германия. Компания Сайтл располагалась в Барселоне, Испания. При попытке выяснить влияние данных программ на подсчет голосов при выборах 2020 в США, компания объявила банкротство и благополучно исчезла.

Юристы Трампа обнаружили многомиллионные манипуляции при подсчете голосов. Доминион категорически отрицал любые заявления о перебросе или уничтожении голосов сторонников Трампа. Суды любого уровня отказывались принимать какие-либо иски юристов Трампа.

По плану, разработанному верхушкой Демократической партии, по всей вероятности под руководством Барака Обамы, было решено использовать ударные отряды БЛМ и Антифы для создания в стране состояние смуты, сделать ответственным за беспорядки президента Трампа, используя страх и неуверенность общества в стабильности режима Трампа. Был выбран кандидат на пост будущего президента страны. Им стал Джо Байден. Почему именно он, хотя организаторы знали о слабости Байдена как кандидата, его коррупционных связях, о его других пороках. Естественно знали, но тем удобнее был кандидат, поскольку им легко управлять и достаточно просто заменить. В случае неудач во время правления Джо Байдена, на него можно будет списать все грехи.

Из множества кандидатов на пост президента от Демократической партии более всего подходила Камала Харрис. Но её кандидатуру было бы сложно провести при голосовании. Женщина, чернокожая, политик азиатского происхождения, занимавшая должность Генерального прокурора штата Калифорния, сенатор США, она не имела достаточно шансов при голосовании. Этому можно было помочь. Как выяснилось, главное не кто голосует, а кто считает. Но продвижение Камалы Харрис напрямую в должности президента могло вызвать множество вопросов и осложнений. По всей видимости 78-и летний Джо Байден, к тому же страдающий явными признаками нездоровья, сыграет роль *троянского коня*, проведя к власти Камалу Харрис, как вице-президента, впоследствииии, уйдя на покой, Джо Байден передаст бразды правления законному преемнику Камале Харрис.

Пандемия коронавируса, возникшая в конце 2019 года, помогла демократам закрыть страну на карантин и провести огромную часть голосования по почте, что явно способствовало подтасовкам и фальшивым бюллетеням. Голосование было хорошо спланированной и организованной акцией Демократической партии. Смерть чернокожего рецидивиста Джорджа Флойда послужила удачным поводом для расовых манифестаций, погромов, поджогов и прочих все дозволенных вакханалий бесчинствующих молодчиков от БЛМ, Антифа и других групп.

Когда при вскрытии выяснилось, что смерть Флойда наступила от передозировки наркотиками, это уже никого не интересовало. Беснующиеся толпы громили витрины, сносили памятники известным личностям прошлого, обвиняя последних в расизме, порабощении чернокожих, требуя репарации чёрному населению за все годы рабства. Похороненный в золотом гробу, уголовник-рецидивист, насильник и наркоман, стал знаменем и символом новой Америки.

За последние годы в США произошло существенное изменение в этническом составе населения. Америка всегда была страной иммигрантов. Рост экономики стимулировал необходимость увеличения количества рабочих рук. Новые технологии нуждались в специалистах в области информационно-коммуникационных технологий. Страну наводнили легальные иммигранты из Индии, Китая, России, Пакистана и множества других стран. Множество испаноязычных иммигрантов, в большинстве своём малообразованных, но честных и трудолюбивых людей. Вместе с ними в США проникает множество криминальных, асоциальных групп, ведущих маргинальный, преступный образ жизни. Торговля наркотиками, вымогательство, бандитизм, проституция, торговля людьми – сфера деятельности молодежных банд.

В США существует огромная масса населения, живущая на государственные пособия, являющаяся иждивенцами тех, кто платит налоги. Иждивенцы представляют собой мощный и легко манипулируемый электорат. Манипулировать им можно через раздачу всевозможных привилегий и подачек: право на жительство, бесплатное обучение, бесплатная медицина, бесплатная еда, жильё, право на гражданство, и прочие привилегии. Какая партия больше продвигает идеи подачек – за ту партию отдадут голоса зависимые, живущие на пособие группы общества. Вполне естественное и ожидаемое поведение. Большая часть из них требует изменений, связанных с культурными и религиозными обычаями, принятыми в странах исхода. Их голоса становятся все громче. Они занимают выборные должности, пользуясь правами предоставляемые в демократическом обществе. Дети этих иммигрантов, рожденные в США, воспитаны в семьях где культура, традиции и религии отлична от современной, американской. Придя во власть они громогласно требую изменений. Они против политики США в стране и мире. Они против права американцев иметь оружие. Они против полиции, тюрем и охраны границ страны. Расшатывая столпы устройства американского общества они хотят реально захватить власть и разрушить эту страну.

Проблема США заключается в том, что ни в одной стране мира нет такого количества центробежных сил, стремящихся к разрушению сложившихся отношений в обществе. «Плавильный котел», то чем так гордилась Америка, уже перегрелся и может разорваться на многочисленные обломки. Изначально это была дурная затея. Собрать в одном, даже очень благодатном месте нашей планеты, людей различных культур, рас, национальностей, степеней развития, религий, идей, желаний и возможностей, которое гарантировало всеобщее благо.

Такая славная сказочная теория привлекала всех, кто верит в сказки про Деда Мороза. В реальной жизни существуют разногласия, непонимание и обычная очень человеческая зависть к успехам и удачам тех, кто смог своим трудом, талантом или не совсем честным путем добиться успеха. Все не могут быть успешными, здоровыми, богатыми и счастливыми. Как говорил мировой классик: *Все счастливые семьи похожи друг на друга, каждая несчастливая семья несчастна по-своему.* Это очень красочная метафора, в реальности мы все проходим через определенные этапы в нашей жизни. Кто-то больше, кто-то меньше. Мечта о равных возможностях необычайно заманчива. Происхождение, среда обитания, природные данные, счастливый случай и множество других составляющих влияют на нашу судьбу. Выросшие в гетто, в неблагополучной семье, плохой социальной среде, с наследованными проблемами здоровья, другими негативными обстоятельствами обвиняют общество в не сложившейся благополучно судьбе. *Имя нам легион, ибо нас много* (цитата из Библии).

Подобные люди существуют при любом социальном строе. Они обвиняют страну, общество, людей во власти и мечтают об изменении существующего порядка. Тлеющий подспудно (скрытый) огонь, вне всякого сомнения однажды перегреет котёл, пламя вырвется наружу и сожжёт всё вокруг. Вера в то, что проходя через *«горнило равных возможностей»*, это позволит уравнять собранные здесь разно-племенные народы и они смогут мыслить одинаково как один человек, было не только наивно, но как оказалось и опасно.

ПОБЕДИТЕЛЕЙ НЕ СУДЯТ

Судят победители. Власть *«...о которой так долго говорили большевики, перешла в руки новой власти...»* - почти по В.И. Ленину. Новый 46-й президент США Джо Байден за первую неделю пребывания в Белом доме поставил новый рекорд, затмив всех предыдущих президентов. Он подписал 40 президентских указов в том числе (revoke permit Keystone XL Pipeline) заморозил разрешение на прокладку Кистоун, сети нефтепроводов из Канады через всю страну до Мексиканского залива для множества нефтеперерабатывающих заводов. Этот указ лишил работы десятки тысяч квалифицированных профсоюзных рабочих в США.

Рекордное подписание президентских указов связано с отменой всех решений предыдущего президента Дональда Трампа. В том числе: выход из членства ВОЗ (всемирная организация здравоохранения), Парижского соглашения по климату, строительство пограничной стены на границе с Мексикой и режим ЧП на этой границе, отмена запрета на въезд в страну граждан 6 стран с преимущественно мусульманским населением. С лихорадочной поспешностью администрация Джо Байдена готовит многочисленные указы к подписанию 46-м президентом, словно опасается что он может не успеть превратить страну во вторую Венесуэлу. Судя по тому что происходит в стране, не только республиканцы, но и многие демократы начали осознавать к чему может привести страну подобная администрация.

Осознаёт ли Джо Байден, что он творит сомнительно, поскольку иногда появляются сомнения в его вменяемости, особенно когда он спрашивает окружающих: *«Что я подписываю?».* Создается впечатления, что новый президент нужен для того, чтоб проделать всю грязную работу по разрушению страны, затем его можно будет отправить на покой, свалив на него все грехи в случае возникших проблем. Кому это выгодно, разрушение мирового лидера, уничтожение экономики США, падение долларовой платежной системы, уничтожение военной мощи, втягивание мировых держав в новый виток военных противостояний, жесточайший кризис и крах мирового порядка. Множество конспирологических теорий приходят на ум, но всё это кажется таким бессмысленным и нелогичным, что остаётся только развести руками.

США полным ходом двигаются в сторону социалистических преобразований в стране. Идеология социализма не терпит противоборства, противоположных мнений, дискуссий. После победы судят победители. Спикер Палаты представителей Нэнси Пелоси назвала сторонников экс-президента Трампа *«внутренние террористы»*, что отвечает лучшим традициям вождей социалистических революций. Идеологические противники не имеют права высказывать своих мнений и должны быть изгнаны из общественной жизни. Вновь назначенный Джо Байденом глава Министерства обороны США Ллойд Остин, первый афроамериканец на этом посту заявил о необходимости приостановки деятельности Минобороны на 60 дней для *«чистки от белых экстремистов»* в рядах *«защитников американской демократии»*.

Гомо сапиенс уже проходили нечто подобное в СССР, когда *«белые офицеры»* подвергались *«чистке»*, с дальнейшим репрессированиям в лагерях ГУЛАГа. Что произойдет с уволенными в отставку офицерами США, пока не ясно. Выяснение биографий неполиткорректных и недовольных политикой новой администрации *«мятежников»*, должно занять не более 60 дней, после чего судьбы уволенных в запас будут решаться Пентагоном, а может и более компетентными органами.

Социальные сети жестко контролируют блогеров в сети, удаляя каналы за малейшие намеки на фальсификации на выборах президента 2020. Демократы ведут жестокий прессинг идеологических противников во всех слоях общества.

7 февраля 2021года в журнале Тайм появилась *«удивительная»* статья подписанная Джефф Карлсон. Это была удивительная история о *«тайной теневой кампа-*

нии против Трампа». *«Они не фальсифицировали выборы, они их укрепляли»* - сказано в журнале Тайм. История действительно тайная и странная по своей беспардонности. В *«приличной компании»* не принято вслух, а тем более в прессе рассказывать о не совсем спортивным поведением во время соревнований. Это можно сравнить с Олимпийскими играми, когда победители рассказывают о различных уловках, подтасовках, подкупе судей и прочих невинных каверзах и подставах. *«Тайная история теневой кампании, которая спасла выборы 2020»*, журнал Тайм описывает как действия многочисленных групп и сообществ, объединенных одной задачей, победой на выборах 2020. В статье приводится перечень подобных групп: свободная коалиция демократических агентов, активистов, СМИ, корпораций, финансовых воротил, групп влиятельных людей, профессионалов идеологических концепций, способных влиять на восприятие массами нужной информации. Автор статьи называет эти сообщества *«заговором, разворачивающийся за кулисами, который ограничивал протесты и координировал сопротивление руководителей»*, что привело к альянсу между левыми активистами и бизнесом.

Опасения за безопасность демократии в стране сплотила вместе *«Законодательную власть, гигантов соцсетей, Глубинное государство»*. Были выработаны «все аспекты выборов, изменения систем голосования», с изменением законов штата о голосовании. Эти люди не прячутся, а считают свой заслугой смену власти в стране. Они хотят чтоб все знали и помнили об этом. Новая администрация Джо Байдена, вслед за спикером Палаты представителей Нэнси Пелоси озабочены угрозами терроризма внутри страны. *«Одна из величайших угроз, с которыми мы сталкиваемся в настоящее время на нашей родине... — это угроза внутреннего терроризма.»*

Это очень похоже на страх перед поверженным, но ещё не уничтоженным врагом, бывшим президентом Дональдом Трампом. Нэнси Пелоси протолкнула через палату представителей импичмент №2 Трампу, обвинив последнего к подстрекательстве к мятежу своих сторонников 6 января 2021 года. Дональд Трамп обращаясь к своим сторонникам призвал прибыть 6 января 2021 года в Вашингтон и пройти перед зданием Капитолия, *«мирно, соблюдая порядок»*. Нэнси Пелоси обвинила Дональда Трампа в подстрекательстве к мятежу. Она и её коллеги по Демократической партии прекрасно понимают, что как и №1 импичмент не пройдет в Сенате, поскольку требуется 2\3 голосов сенаторов, голосующих за импичмент.

В Сенате на данный момент голоса разделились 55 за импичмент, против 45. Похоже что многие республиканцы могли бы уступить давлению и проголосовать за импичмент бывшего президента, но многим предстоят выборы в 2022 году и наказание за предательство может быть очень пагубным для карьеры.

Так для чего демократам понадобился весь этот спектакль, продолжающийся целую неделю. В стране пандемия, экономика на грани жесточайшего кризиса, невиданная безработица, расколотая страна, границы уже никого не сдерживающие, разруха и хаос, но главное сегодня для демократов, - это объявить импичмент бывшему президенту, Дональду Трампу, за нарушение Конституции США. Сама процедура отрешения президента, или высших должностных лиц от должности, допустивших грубые нарушения закона, не применима к лицам, которые эти должности не занимают.

Сенат не может объявить уголовное наказание. Это прерогатива суда. Вес этот фарс с импичментом, бессмысленный и неконституционный. Возможно демократы надеялись каким-то образом получить 67 голосов в Сенате и объявить импичмент Дональду Трампу. В таком случае он теряет право на охрану, пенсию и другие привилегии как бывший президент, но самое главное он не сможет избираться ни на какую-либо должность в будущем. Вероятно это было основной причиной, побудившей демократов пойти на этот шаг. Вызвано ли это просто эмоциональной ненавистью к поверженному противнику или за этим стоят ещё более коварные планы мести, покажет будущее.

Как и предполагалось большинством политиков и здравомыслящих людей, фарс под названием импичмент №2 провалился. Дональд Трамп был оправдан. Вместе с демократами за импичмент бывшему президенту проголосовали 7 республиканцев. Демократы, как и ожидалось потерпели поражение.

Итак, демократы могут торжествовать. Враг повержен, война выиграна, все деяния бывшего президента предаются анафеме и будут пересмотрены и переделаны. Что делать дальше? Страна разделилась на два основных непримиримых лагеря. На самом деле игроков за этим *«столом»* под названием США больше чем хотелось бы. Такой богатый банк никогда ещё не стоял на кону мировых игроков. Каждый мечтает урвать кусок пожирней и побогаче. Это один раз в жизни шанс, приобрести за горсть медяков горшок с золотыми монетами. Пир слетевшихся грифов, птиц которые предпочитают падаль.

В этом ли заключалась задача демократов? Разорить страну, довести её до гибели, получить свою заслуженную долю, достаточную для себя, внуков, правнуков и доживать свой обеспеченный век в Швейцарии или на каких-нибудь райских островах. А может в головах сумбур и разброд, с наполеоновскими мечтами о всеобщем равенстве и счастье.

Разумеется немалая часть участников дележа мечтают стать хозяевами этой новой страны, где они отныне будут хозяевами и заведут себе своих собственных рабов. Множественные государства, участвующие в крушении Америки имеют свои задачи и планы, как распорядиться активами упавшими в руки. Это будет пир на весь мир. Правда остается американский народ. Но это не проблема для демократов. Подобные задачи уже решались, не впервой. Кто бы мог предположить, что так просто рухнет эта страна, лидер свободного мира, словно подточенный изнутри некоторыми видами насекомых типа (жуков, термитов) могучее 250-летнее дерево.

Многочисленные враги, желающие падения этой страны, Америки, торжествовали. Среди главных врагов на сегодняшний день можно назвать Китай. Вернее КПК (Коммунистическая партия Китая), единолично правящая партия, установившая жесткий режим со времен вождя Мао Цзэдуна. Помимо того, что США стоят на пути к мировому господству, Дональд Трамп стремился создать коалицию, обвиняющую Китай в пандемии Ковид -19. Множество стран готовы участвовать в исках, которые могут вырасти до заоблачных $30 триллионов. Этого нельзя было допустить.

ЧТО ДАЛЬШЕ

Основные вопросы которые беспокоят всех здравомыслящих людей, и не только в США, как такое могло случиться и что ждет наш мир в ближайшем будущем. Как удалось демократической партии провернуть такую грандиозную перемену в сознании людей в стране и практически сменить двухпартийную систему на господство одной партии, Демократической. Если судить по первым 20 дням верховенства новой власти, её можно с уверенностью назвать Социал-Демократической партией США. Такого радикального перемена курса во внутренней и внешней политике страны не ожидал никто. Такое впечатление, что враг захватил страну и делает всё для её уничтожения изнутри. Можно предположить что 46 президент Джо Байден сошёл с ума и подписывает множественные документы, подготовленные подкупленными врагами Америки, его ближайшими помощниками.

Если он ведет себя как диктатор и ни с кем не советуется, а его указы убивают рабочие места и ведут к разрушению и без того гибнущей экономики. Тогда почему

Конгресс не объявит ему импичмент и не отстранит от должности, освободив дорогу для Камалы Харрис. Может быть это всё было заранее обговорено и Джо Байден лишь исполнитель воли новой социалистической политики партии. А вдруг Джо Байден за 47 пребывания в верхних эшелонах власти и ни в чем особенном не замечен, на самом деле является гениальным политиком и экономистом, ведет страну к новым, невиданным успехам и процветанию. Правда это мало сообразуется с его странной особенностью забывать элементарные вещи и впадать в прострацию в самый неподходящий момент.

Правда есть сомневающиеся люди, которые говорят о том, что Джо Байден, как и множество его коллег совершают все свои поступки, согласовывая их с указаниями, которые поступают из каких-то заинтересованных источников, имеющих определенное влияние. Эти самые источники уже не первый год оказывали немалые финансовые и прочие услуги нужным и важным людям, стоящим близко к управлению страной. Оказывая подобные услуги, эти источники располагают определенными возможностями вежливо попросить, а может и не совсем вежливо, потребовать оказать для них небольшую услугу. Если эта конспирологическая теория верна, тогда все становиться просто и понятно. Биологическая природа Гомо сапиенс диктует поведение индивидуума. Еда, размножение, доминантность.

Человек – это не запрограммированная машина с элементами альтруизма. Стремление создавать вокруг волшебные картины всеобъемлющего счастья, благодатного равноправия и дивного праздника жизни. Человеку отмеряно определенное количество лет пребывания в этой жизни. Если отбросить первые 20 лет и последние 20 лет, он должен исполнить свое биологическое предназначение в достаточно короткий срок.

Хорошо тому, кто родился богатым, красивым, талантливым, здоровым и счастливым. А тот\та кому не повезло, что тогда делать? Биологическая природа и задача такая же как у всех. Большой мозг подсказывает логическое решение. Надо найти того\ту кто поможет исполнить предназначение. Источник, которому данный индивидуум может понадобиться. Дальше дело техники и умения приспособляться к заданным условиям.

Возможности приспосабливаться наблюдаются у некоторых животных и растений. Имитирование, умение приспособляться ключ к успеху на выбранном поприще. Владение подобными качествами помогает Гомо сапиенсу пробиться в верхние слои общества, даже не обладая природными достоинствами. Это особенно необходимо в политике, когда правильно выбранное направление совпадает с мнением вышестоящего индивидуума. Важнейшей чертой для успеха – это не быть, а казаться. Проявлять рвение, послушание, уметь стать необходимым\ой, ключ к дверям, за которыми ждет награда.

Естественно между теми, кому повезло в этой жизни родиться счастливчиками, и наоборот, тем кому вообще не повезло, существует основная масса населения планеты. Даже если есть множество предпосылок быть богатым\ой, счастливым и успешным всегда есть что-то, что сводит на нет удачные задатки, заложенные при рождении.

Всегда что-то мешает. Иногда эпоха не та, не повезло с местом рождения, с родителями, с окружением, или просто примитивная лень добиваться чего-то в этой жизни. Иногда вроде все хорошо, но вот здоровья не отмерила судьба в полной мере, или внешность не Голливудского героя\героини . Таких людей подавляющее большинство. У них есть свои радости. Они довольны своей судьбой. Хорошая дружная семья, славные дети, приличное жильё, хорошая работа, весёлые праздники. Это и есть жизнь. Кто ж такого не хочет.

Существует большая группа людей, родившихся с серьёзными доминантными чертами характера. Многих судьба не одарила каким-либо определенными достоинствами, но желание доминировать, добиться в жизни большего, чем другие, определяла всю их дальнейшую судьбу и разумеется, поступки. Авантюрность характера диктовала не обращать особого внимания на общепринятые понятия и правила. Нравственность, мораль, этика, совесть, законность в понимании подобных психотипов человеческого сообщества, эти ценности являются только оружием тех, кто правит другими людьми. Цель – стать одним из тех, кому повезло быть одним\одной из сильных мира сего, достойная задача, которой необходимо отдать все силы и время, перешагивая через тех, кто споткнулся и упал. Девиз: *падающего толкни*, становиться руководством к действию.

В современном обществе верхние слои занимают очень богатые, к ним примыкают знаменитые и люди занимающие определенные места в политической палитре общества. Религиозные лидеры не отстают от них в своем влиянии на умы множества людей.

Но это отдельная каста и туда просто так не пробиться. А вот стать политическим лидером, при современном демократическом построении общества, довольно легко.

Сегодня модно быть демократичным, либеральным, уметь складно и долго излагать усвоенные догмы о благе всех слоев населения планеты, прославлять и поддерживать всех кого прославляют, метать громы и молнии в тех кого старшие однопартийцы осуждают и вот вы уже выборная фигура для продвижения по иерархической лестнице.

В США реальную политическую силу имеют две противоборствующие партии, Демократическая и Республиканская. Если вы избрали республиканскую партию, вы выступаете за свободу предпринимательства, саморегуляцию свободного рынка, против вмешательства государства и высоких налогов. Республиканцы выступают за ограничение иммиграции. Они поддерживают вторую поправку конституции, право на покупку и ношение огнестрельного оружия. Право возможности защищать себя, свою семью и имущество. Они выступают против абортов и однополых браков.

Демократическая партия тяготеет к социалистическим формам управления государством. Они за государственное регулирование в сфере гражданских прав и свобод. Всеобщее и бесплатное высшее образованию и здравоохранение. Защиту окружающей среды на всей планете. Большие налоги на богатых, для справедливого распределения и содержания бедных во всем мире. Демократы выступают против владения оружием, за права нелегальных иммигрантов, привлечение в страну новых мигрантов, за аборты и однополые браки.

Несмотря на диаметрально противоположные взгляды на устройство общества, большинство политических партий объединены единой целью, получить преимущество во властных структурах. Такое соперничество поддерживало разделение ветвей власти, способность контролировать находящуюся у власти партию, подтверждая систему сдержек и противовесов записанных в Конституции в США в 1787 году.

Естественно в каждой партии были идеологические приверженцы провозглашаемой доктрины и цели к достижению этих идеалов. Как это обычно происходит, к движению примыкают люди, которые больше обеспокоены простыми человеческими задачами, заложенными в биологической природе Гомо сапиенсе, то есть еда, размножение, доминантность. Избежать этого не может ни одно общество, движение, партия. Биологическую сущность можно пытаться подавить, заставить себя любить других больше чем свою семью, заботиться о людях другой страны больше чем проблемами собственной страны. Можно обмануть окружающих, произнося пламенные зажигательные речи и проливая слёзы сострадания к людям в далекой бедной и несчастной стране, но обмануть собственную биологическую систему невозможно.

Вид Гомо сапиенс существует сегодня, благодаря обеспечению выживания в самой неблагоприятной среде.

Находясь во власти, члены определённой партии, наряду с основополагающими задачами проводимыми в жизнь согласно уставу данной партии, подвержены мощному давлению различных коррупционных структур, лоббирующих интересы тех, кто вносил пожертвования в фонды (финансировал) данной партии и данного кандидата. Коррупция и нерегулируемые пожертвования существовали всегда при системе выборности политиков. Организованная преступность, иностранные государства, влиятельные деловые круги, транснациональные организации, вносят значительные средства, делая избирательные кампании чрезвычайно дорогостоящим финансовым процессом, бюджет которого может достигать баснословных размеров.

Известные фразы: *«за всё надо платить», «бесплатный сыр только в мышеловке»*, справедливы и в отношении демократически выбранных представителей власти

Дарящий, также как и получающий отныне связаны определенным договором. Невыполнение обязательств, взятые в момент принятия «дара», могут испортить отношения. Есть ещё одна поговорка: *«не плюй в колодец, пригодиться воды напиться»*, или *«да не оскудеет рука дающего»*.

Стремиться на высокую позицию в политической жизни, есть смысл только тогда, когда приходит пора «кэш ин», как говорят американцы. То есть обналичить полученные дивиденды. Значит ли это, что в политику стремятся только личности, которые стремятся к выполнению биологических потребностей, заложенных в Гомо сапиенс природой. Разумеется нет. Существует множество достойных лидеров, которые стремяться помогать обществу соблюдать столь необходимые для любого человека права: равенство всех перед законом, равные возможности для всех, права на свободу, жизнь и на достижение счастья. Америке повезло иметь таких лидеров: Джордж Вашингтон, Авраам Линкольн, Рональд Рейган, Дональд Трамп.

США ГОД 2021

Этот год начался удачно для пришедшей к власти Демократической партии. Получив большинство в обеих палатах Конгресса и президента демократа в Белом доме, партия уверенно взялась за перестроение американского общества. Работа предстояла грандиозная и многим казалась невыполнимая. Лидеры партии во главе со Спикером Палаты представителей Нэнси Пелоси верили что им удастся совершить невозможное. Первостепенной задачей было удаление с политической арены лидера республиканцев, Дональда Трампа. Он был слишком яркой, харизматичной фигурой вокруг которого могло группироваться сопротивление.

Такое противостояние могло замедлить процесс перестроения общества на нужный либерально-демократический лад. Конституционно или нет, но Трамп должен быть побеждён и исключён из политической жизни. Дважды подвергнутый процедуре импичмента он уцелел. Главное для демократов сегодня, не расслабляться. Вождь мирового пролетариата И.В. Сталин процитировал фразу, написанную пролетарским писателем Максимом Горьким: *«если враг не сдаётся, его уничтожают»*.

Нет, речь не идёт о физическом устранении главного противника (хотя кто знает, мечтать никому не запрещено), но сама персона бывшего президента, мешает демократам видеть блестящее будущее, которое должно быть построено Демократической партией США. Дональд Трамп не просто идеологический противник, это враг, серьёзный и опасный. В войне за власть все средства хороши.

Захватить власть было сложной и опасной задачей. В случае поражения и разоблачения Демократическая партия могла потерять всё. За годы правления Клинтонов и Обамы хорошо налаженное *«Глубинное государство»*, настроение общества, обученная и распропагандированная молодежь, созданные ударные бригады БЛМ и Антифа.

Удача сопутствовала демократам. Казалось всё на их стороне, пандемия, гиганты Кремниевой долины, СМИ, финансовые магнаты, участие иностранных держав, силовые и государственные структуры, но самое главное массовое участие в процессах выборов простых рядовых членов Демократической партии. В то время, пока мощные структуры организовывали падение правящей администрации Дональда Трампа, низовые структуры на местах проворачивали грандиозное мошенничество, подтасовывая результаты голосования. Они действовали настолько успешно, что президент Трамп набрав невиданное количество голосов, 75 миллионов, был повержен новым Гераклом, Джо Байденом с 80 миллионами голосов.

Никакие громогласные заявления, что этого не может быть, просто потому что такого быть не может, встречались с возмущением и негодованием. *«Пусть неудачник плачет, кляня свою судьбу...»* Ария Германа «Пиковая Дама» П.И. Чайковский. Получив в свои руки все козыри в новой колоде карт демократы всерьёз начали переустройство страны под названием (вероятно временным) США. Пока верхушка партии сосредоточилась на борьбе с поверженным бывшим президентом, попутно объявив всех сторонников бывшего президента *«внутренними террористами»*, новый, 46 президент Джо Байден, засучив рукава принялся подписывать указ за указом, разрушая все, что создавалось до него.

Страна разделена и подобная ситуация взрывоопасна. Никто не хочет Второй Гражданской войны. Победителей там не будет. Силовое решение проблемы более чем опасно. Позиции сторон диаметрально противоположные. При этом существенную дестабилизирующую роль играют множественные группы меньшинств, у которых свои идеи и задачи. Разделение страны на «лоскутное одеяло» по типу Германии по окончании Второй Мировой войны, приведет к хаосу, разрухе и вызовет ожесточенное сопротивление. Реального решения проблемы попросту не существует.

Раз мы упомянул карты, то как это принято у гадалок, надо раскинуть колоду и посмотреть, *«что день грядущий нам готовит»*? Вообще попытки предугадать будущее пустое, малопродуктивное занятие. Тем более на картах, кофейной гуще, по звездам и прочим малопочтенным приметам. Можно обратиться к истории Гомо сапиенс и поискать аналогов подобных коллизий, происходивших в прошлом с нашим видом.

Если мы обратимся к истории крушения Древней Западной Римской Империи в пятом веке нашей эры, то увидим множество исследований на эту тему, перечисляющих буквально сотни причин. Выделим главные из них. Политические, экономические, религиозные и культурные. Падение Древнего Рима произошло в результате вторжения внешних врагов. Это верно, но главной причиной падения стал кризис самого римского общества. Значительная доля населения Рим составляли варвары. Их привлекали и обучали в качестве солдат для формирования армии. Это были люди с другой культурой и идеологией. Они не хотели сражаться, поскольку это была чужая страна.

В Риме существовал принудительный рабовладельческий строй. Рабы не хотели работать на своих хозяев, восставали и уничтожали всё, что можно уничтожить. Это отражалось на экономике и торговле. Вынужденное повышение налогов приводило к разорению сельскохозяйственных владельцев земель. Рост бюрократического аппарата и государственных служащих, усиливал коррупцию и увеличению влияния богатых людей в стране. Разорение среднего класса, привело к упадку производства, торговли и культуры.

Нравственное разложение римского населения связано с популяризацией пороков, разврата, гомосексуализма, отказа от семейных уз, нежелания иметь детей.

Рим был обречён.

Великая Французская революция произошедшая в 1789 году возникла вследствие неспособности королевской власти разрешить социально-экономические, политические и финансовые проблемы государства.

Распространение идей Просвещения, участие Франции в событиях Американской революции, неурожай и голод в стране вызвали социальные волнения. Духовенство, дворянство и буржуазия тяготилась властью короля. Наступало время перемен. Созванные Генеральные штаты утвердили избирательное право для всех лиц мужского пола. Представители всех сословий провозгласили себя Национальным собранием. Главной задачей которого обозначили выработку конституции. Король Людовик XVI готовился разогнать национальное собрание. *«Если нужно будет сжечь Париж, мы сожжём Париж».*

Прозвучал клич: *«К оружию!»* Гвардия перешла на сторону народа, это означало рождение Парижской коммуны и Национальной гвардии. Люди ворвались в крепость-тюрьму Бастилию. Король Людовик XVI признал существование Национального собрания, которое стало реальной высшей властью в стране. Король пытался бежать. Но был пойман и возвращен в Париж.

Австрийский и прусский короли объявили об вооруженной интервенции для восстановления монархии. Национальный конвент упразднил монархию и провозгласил Францию республикой. Король Людовик XVI был назван «врагом и узурпатором» и приговорён к смертной казни.

Экономическая ситуация продолжала ухудшаться, армии противников наступали, угрожая захватить Париж. Наступала эпоха, которую впоследствии назовут «эпохой террора». Арестовывались «подозрительные» и происходили «чистки» различных комитетов. Революционный трибунал выпустил декрет о «подозрительных», составлялись списки. Все материальные и продовольственные ресурсы реквизировались. Вновь образованный комитет общественной безопасности широко применял закон о подозрительных, отправляя последних в Революционный трибунал. Террор был политически направленным, преследуя классово чуждых. Проводились суммарные казни, и массовые расстрелы поскольку гильотина не справлялась. Началась межпартийная борьба.

После казни Дантона и его приверженцев пришла очередь Робеспьера и его сторонников. К 1795 году экономический кризис взвинтил инфляцию до небес. Повсеместный голод и бандитизм стали ужасающими. Объединенные коалиционные армии европейских монархов наступали со всех сторон.

Прибывший в Париж Генерал Бонапарт был назван спасителем. Было назначено временное правительство во главе с Бонапартом. Последний провозгласил себя впоследствии императором. Революция привела к краху старого порядка, с огромными жертвами, при закономерных этапах развития революции.

Первая мировая война, 1914–1918 годы. Общие потери оцениваются более чем в 18 миллионов человеческих жизней и около 55 миллионов раненых. Голод и эпидемии как результат войны унесли жизни ещё 20 миллионов человек. Милитаристская Германия выступила против Франции, Англии и России. В дальнейшем всё больше стран втягивались в военный конфликт. Причина войны, стремление к политическому и экономическому господству. Вождь РСДРП(б) В.И. Ленин призывал «перевести войну империалистическую в войну гражданскую». Мысль понравилась руководителям германского Генштаба, надеявшихся вывести Россию из коалиции, и большевики получили не только финансирование, но и помощь в переезде через воюющие европейские страны в Россию. В 1917 году в России была свергнута монархия и власть перешла к Временному правительству. Партия большевиков формировала вооруженные отряды, агитируя за захват власти в среде матросов и солдат. В Октябре большевики свергают Временное правительство, арестовывают министров и отправляют их в Петропавловскую крепость-тюрьму. Было сформировано коалиционное правительство, большевиков и левых эсеров.

Ленин ставит перед партией *«курс на радикальные преобразования»*. Через несколько месяцев большевики провели аресты коалиционных партнеров и сформировали однопартийное правительство. Заключённый в Бресте в 1918 году с немцами сепаратный договор, позволил последним ликвидировать Восточный фронт.

Декрет о земле 1917 года привел к конфискации и распределению между крестьянами помещичьих и церковных земель. Ленин: «В Париже гильотинировали, а мы лишь лишим продовольственных карточек... Пускай вопят об арестах». Тверской делегат на Съезде Советов сказал: „всех их арестуйте", — вот это я понимаю; вот он имеет понимание того, что такое диктатура пролетариата. Троцкий же заявляет, что «Нельзя, говорят, сидеть на штыках. Но и без штыков нельзя. Нам нужен штык там, чтобы сидеть здесь... Вся эта мещанская сволочь, что сейчас не в состоянии встать ни на ту, ни на другую сторону, когда узнаёт, что наша власть сильна, будет с нами... Мелкобуржуазная масса ищет силы, которой она должна подчиняться. Кто не понимает этого — тот не понимает ничего в мире, ещё меньше — в государственном аппарате».

Меньшевики, правые эсеры, левые эсеры, анархисты и любые другие антиправительственные организации разгоняются, лидеры арестовываются. Декрет о печати 27 октября 1917 года: «все контрреволюционные газеты объявляются вне закона».

Объявляется продразверстка, «продовольственная диктатура». Продовольственные отряды и целые продовольственные армии изымают «излишки продовольствия» у крестьян. Принимается Декрет о национализации предприятий и введении рабочего контроля. Вводиться режим «военного коммунизма», приведший к полному краху промышленности, железнодорожного транспорта и бегству из городов, где начинался голод. Гиперинфляция в миллионы раз разрушила систему денежной эмиссии.

Вводится трудовая повинность и нормированное распределение товаров и услуг. Возникающее повсеместно сопротивление, привело к формированию вооруженных отрядов и переросло в Гражданскую войну, которая продолжалась 5 лет. В этой войне всё смешалось. Красные, белые, интервенты, зелёные, анархисты, эсеры и бандиты. Восстал чехословацкий экспедиционный корпус, контролирующий Транссибирскую магистраль. Войска интервентов немецких, австрийских, румынских вторгались на территорию страны. Казачьи войска с Дона, правительства УНР и БНР восставали. Войска Белой армии под руководством царских высших командиров: Колчака, Деникина, Юденича, Миллера, Врангеля грозили захватить Москву. Многочисленные повстанцы в различных областях, Кронштадте, в Закавказье, в Средней Азии дестабилизировали обстановку. Польша после длительных боёв отвоевала независимость.

Несмотря на столь многочисленных и хорошо обученных врагов большевики добились победы. Жертвами в Гражданской войне стали более 15 миллионов человек. Более 2,5 миллионов человек уехали за рубеж страны. Наступил жесточайший экономический кризис. Множественные социальные группы были на грани уничтожения: офицерство, дворянство, духовенство, казачество и интеллигенция.

После смерти вождя революции В.И. Ленина в 1924 году, власть перехватил И.В. Сталин (Джугашвили). Именно он сыграл ключевую роль в организации и проведении репрессий. Знаменитая ЧК под руководством Ф.Э. Дзержинского переименовывается в НКВД (Народный Комиссариат Внутренних Дел). Это был громадный аппарат устрашения и подавления, осуществлявший контроль и проведение широкомасштабных арестов, пыток, расстрелов, массовых переселений целых народов, осуществлявший контроль над ГУЛАГом. Он готовил расстрельные списки *«неблагонадежных»*. Количество жертв репрессий по разным оценкам колеблются от сотен тысяч до десятков миллионов. Члены семей репрессированных также подвергались заключению в лагерях ГУЛАГА, маленьких детей отправляли в дома для беспризорных. Так называемая *«доктрина классовой борьбы»*, утвержденная И.В. Сталиным применялась коммунистами до 1952 года, (смерти тирана). Цвет нации, её генофонд был уничтожен.

Выживали подлые, хитрые, умеющие и любящие писать доносы и молчаливое меньшинство, сумевшие приспособиться ко всё перемалывающей карательной машине. Казалось этот, все подавляющий кошмарный режим просуществует века. Стагнация социально-экономической системы в СССР, совершенно неожиданно привела к падению режима в конце 80-х годов. Идеология коммунизма не выдержала проверку временем и сама по себе рухнула, без какого-либо внешнего вмешательства. Оставив после себя смердящий запах гниения и распада после уничтожения собственного населения, Коммунистическая партия страны сохранила мумифицированное чучело вождя В.И. Ленина в мавзолее - зиккурате на Красной площади страны.

Несмотря на коллапс коммунистической идеи в России, и казалось бы бессмысленное повторения модели гражданского общества на коммунистический лад, западные политики всё ещё мечтают воссоздать институты коммунистической утопии, используя эмоциональные, возбуждающие и взволнованные призывы к созданию общества, где все будут равны и счастливы. Вид Гомо сапиенс жаждет повторить уникальный опыт построения коммунистического общества, с явной готовностью положить под топор гильотины тех, кто мешает этой мечте осуществиться.

Ещё один трагический опыт создания тоталитарной социалистической системы родился в Мюнхенской пивной 24 февраль 1920 года. Адольф Гитлер провозгласил создание новой партии – Националь-Социалистическая Немецкая Рабочая Партия. Нацизм – тоталитарная ультраправая идеология поставила целью создание нового государства, *арийской расы*. По словам Гитлера: *«Социализм – древняя арийская, германская традиция. Наши предки использовали некоторые земли сообща».*

Для выполнения подобной исторической миссии была создана программа. Один из важнейших пунктов: *«Воспитание юношества в военном духе любыми средствами. Введение смертной казни в отношении всех предателей народа и государства. Строгое авторитарное управление страной. Устранение любых противников режима».* Нацисты пытались несколько раз пройти к власти выборным путем, но неизменно проигрывали. 22 января 1933 года загорелось здание Рейхстага. В поджоге обвинили коммунистов. Был принят закон о *«Чрезвычайном положении»*.

30 января Гитлер был назначен рейхсканцлером. Изданные Декреты: *«О защите народа и государства»*, прекращение действия основных прав и свобод.13 марта 1933 года: Создание министерства народного просвещения и пропаганды.

14 июля 1933 года: Запрет или самороспуск всех политических партий за исключением НСДАП. Закон «Против образования новых партий» учреждает однопартийное государство: образование новых и продолжение деятельности политических партий является уголовным преступлением.

30 января 1934 года: Закон «О реорганизации империи» ликвидируется федеративное устройство. Правительство получает право установить новое конституционное законодательство. Гитлеровский социализм по-германски, за 12 лет во власти, развязал Вторую Мировую Войну, где погублено невероятное количество человеческих жизней. Общие потери по разным оценкам, 50–80 миллионов погибших.

Южная Америка не избежала влияния заманчивых иллюзий всеобщего равенства. Сначала цветущая Куба, захваченная повстанцами Фиделя Кастро быстро превратилась в страну третьего мира, попав в зависимость СССР.

Богатейшая в мире нефтью страна, Венесуэла была пятым в мире по объёму экспортёром сырой нефти. Под властью с 1998 года революционера Уго Чавеса, продвигавшего идеи социализма и национализации нефтедобывающих предприятий довели Венесуэлу до краха.

ЮАР

История белого населения ЮАР началась с середины XVII века и прошла несколько этапов, в том числе очень конфликтных. Первыми белыми были португальцы, затем в основном голландцы. Их называли африканеры. В районе Кейптауна африканеры, в связи с нехваткой женщин, вступали в сексуальные отношения с привозными рабами, образовав смешанные и переходные расы. Британская империя оккупировала ЮАР в 1806 году. Режим апартеида (расовая дискриминация и сегрегация), возникший в 1948 году связан с попыткой сохранить власть белого меньшинства над многочисленным чернокожим населением.

При переходе к демократическому правлению с с активным участием чернокожего населения страны, участились случаи убийства белых фермеров. Множество представителей белого населения предпочли уехать.10 мая 1994 года чернокожий Нельсон Мандела стал президентом страны. В инаугурационной речи он призывал к примирению и ликвидации расизма в ЮАР. Нельсон Мандела лауреат Нобелевской премии мира.

Д-р Дан Роодт, профессор литературы, описал ситуацию в 2010 году, как катастрофическую:

«Сегодня наш народ вместе с остальным белым населением ЮАР стал жертвой физического и культурного геноцида. За последние пятнадцать лет более пятидесяти тысяч белых были убиты, свыше двухсот тысяч наших женщин были изнасилованы».

БУДУЩЕЕ США И МИРА

Происходящие сегодня события в США, вне всякого сомнения найдут свое отражение во всем мире. Являясь лидером свободного мира, Америка влияла на мировую политику, являясь гарантом демократии и свободы. Произошедшие за последние 2020–2021 года события показали, что не только весь мир, но и сами США не ожидали и не понимали какой стала страна на самом деле. Великая мечта и великое прошлое рассеялось без остатка. Какие бы события не произошли в ближайшем будущем, понятно одно, Америка никогда не станет прежней. Можно только пожалеть о потерянной мечте и сделать для себя выводы, понять как и почему это произошло. Сделать это необходимо, если наш вид Гомо сапиенс надеется выжить на этой планете. Слишком много на Земле зла и желания уничтожить других, тех которые не желают следовать чужим правилам и желаниям.

США созданы Отцами Основателями на ошибочной основе. Рабство не может быть вечным и рано или поздно рабы восстанут и уничтожат саму страну. Демократия, как основа политического строя, слаба и беззащитна перед волею большинства. Настанет критический момент, когда большинство захочет перемен. Равенство вредная иллюзия, навязанная миру марксистами не разбирающимися в биологической природе нашего вида Гомо сапиенс. В среде любого биологического вида детеныши рождаются разными, со своими возможностями, природными физическими данными и развиваются при различных обстоятельствах. Люди не являются исключением. Пройдя долгий и кровавый путь биологического выживания в природе наш вид нашёл *систему выживания*, наибольшего благоприятствования, держаться вместе, в стае. Люди не стали одинаковыми. Они научились мыслить и взаимодействовать друг с другом.

История цивилизации нашего вида за пять тысячелетий своего существования, вплоть до XXI века отображает рабство, уничтожение себе подобных со звериной жестокостью, насильственное подчинение, использование фальшивых и лживых теорий с красивыми сказками и лозунгами. Пришествие XXI века ничего не изменило, вот разве сказки и лозунги стали более утончёнными. Но суть не изменилась. Стадный инстинкт и страх перед неизвестным будущим, заставляет людей верить в идеи, проповедуемые лживыми пророками.

Религия давала надежду на защиту и справедливый суд там, после жизни. Лживые пророки Карла Маркса обещают равенство всех не только перед законом, но в обозримом грядущем будущем, если конечно плохие жадные капиталисты-кровососы не будут мешать созданию общества равных возможностей. *Вот если попробо-*

вать ещё раз сделать общество равных возможностей, где все счастливы, веселы и здоровы – разве это не прекрасно.

Американские демократы повели людей за собой на обман, подлог, преступление, превратив выборы 2020 в фарс и насмешку над правосудием. Они так не считают.

А даже если и были какие-то неточности, но великая цель создания общества равных возможностей оправдывает любые действия, ведущие к созданию всеобщего блага.

Они так не думают, они так говорят. Цель простая и понятная, власть. Вид Гомо сапиенс не может изменить свою биологическую природу. Власть – дорога к источникам еды, благополучному продолжению рода и исполнению предназначения – доминантности.

Если посмотреть какие перспективы открываются при полном контроле над такой страной как Америка, то даже дух захватывает от горизонтов возможностей. Всё это не нарушая юридических законов страны. Можно отправлять в другие страны финансовые средства помощи по всему земному шару. Легко представить какая благодарность ждет тех, кто помог эту обильную помощь получить. Можно устроить небольшую войну, где понадобиться новейшее военное снаряжение. Это всё деньги и какие деньги. Можно бороться с потеплением климата, правда как назло похолодало. Деньги можно и нужно печатать. Правда долг страны приближается к заоблачным 30 триллионом долларов и за это придётся рано или поздно платить. Но ведь не сегодня. Пандемия так удачно случилась, спасибо Китайской Коммунистической партии. Люди не должны расслабляться, собираться в группы, митинговать и говорить всякие глупости. Карантин замечательное средство от болтовни.

Если кто-то полагает, что на промежуточных выборах 2022 или на выборах президента 2024 можно исправить ошибки, допущенные в 2020-м году, то он наивно ошибается. Не для этого Демократическая партия поставила своё существование на карту при выборах 2020, чтобы позволить эту власть у неё отобрать. В случае поражения демократам припомнят всё. Фактический захват власти. Миллионы подлогов и подтасовок при голосовании. Шельмование и запугивание политической элиты, глав силовых структур, суды вплоть до Верховного суда страны, военных, шельмование юристов выступавших на стороне Трампа. СМИ, лояльные в отношении демократических кандидатов, обвиняли сторонников Трампа, объявляя последних внутренними террористами. Это был государственный переворот.

Если демократы потеряют темп и позволят отобрать у них власть, существует явная и безусловная опасность попасть под пресс уголовно-процессуального законодательства. Они могут потерять всё, рискуя лишиться с таким трудом и риском заработаного состояния, а возможно в результате ещё и сесть за решётку. Демократы не глупцы. Если они сумели провернуть в 2020 году такую дерзкую операцию по захвату власти, прямо под носом у ничего не подозревающей Республиканской партии, значит у них есть талантливые стратеги, способные спланировать операцию в масштабе страны, при содействии международных связей. Они будут драться за власть, используя все возможности, сверяясь в учебниках истории как поступали при подобных обстоятельствах, те, кто успешно выстоял в борьбе за власть.

Теперь главная задача удержать власть, желательно навсегда. Любой ценой. Ставки в игре очень высоки. Новый 46-й президент Джо Байден, готов стоять как скала. Речь идет не только о любимом сыне, Хантере Байдене, но и о самом президенте. Пока Джо Байден у власти, никто не посмеет причинить им зла, отнять нажитое праведным путем состояние. Ради этого он и пошёл на президенство, хотя понимал что шансов у него практически нет, да и возраст не тот. Всё что нужно он уже заработал, хотя много денег не бывает. Играл бы с собачкой, спал бы до полудня и целовал бы внучат. Но партия сказала: *Надо! Мы всё сделаем. Сиди, особо не высовывайся, а то не приведи Господь, заболеешь. В твои то годы. Делай что говорят и будет тебе счастье.*

Возможно Джо Байден и хотел бы уйти на покой, но те, кто на него сделал ставку хотят получить свои дивиденды. Связи семьи Байденов с Россией и Китаем расследуются.

Американские сенаторы, участвующие в расследовании деловых контактов Хантера Байдена, заявили о наличии у них новых данных, подтверждающих связи семьи избранного президента США с Россией и Китаем, передаёт Fox News. При этом в эфире американского канала конгрессмен-республиканец Ральф Норман посетовал на то, что демократы не хотят проводить расследование.

Конгресмен Ральф Норман: Давайте взглянем на отрывок этого только что опубликованного доклада. В нём Грассли и Джонсон заявляют: «*Эти новые данные подтверждают не только существование связей между семьёй Байдена и коммунистическим китайским правительством, а также между бизнес-партнёрами Хантера Байдена и российским правительством, но и информацию из доклада комитета от 23 сентября 2020 года, согласно которой подобные отношения породили обеспокоенность как по линии контрразведки, так и в плане возможных вымогательств*».

Эта информация не только важна, но и должна настораживать. Если член семьи Джо Байдена получал деньги от компании, связанной с китайским правительством, то эти деньги придётся отрабатывать. Среди представителей власти от демократической власти есть и другие фамилии, известные своими связями с Китаем. Среди них известный член палаты представителей Эрик Суолуэлл (Eric Swalwel), учавствовал в праймериз демократической партии как кандидат на пост президента США. Являлся менеджером и одним из действующих лиц по импичменту Президента Трампа, имел прямую связь с китайской коммунистической шпионкой Christine Fang, когда он заседал в комитете по разведке палаты представителей.

Сенатор Дайэнн Файнстайн от Калифорнии, занимавшая пост старшего демократа в судебном комитете сената, бывший мэр Сан Франциско порицалась за то, что её водителем в течение 20 лет был гражданин Китая.

Лидер Сенатского Республиканского большинства (уже меньшинства) Митч Макконеллл обвинил Трампа в провоцировании толпы 6 января 2021 года во время вторжения в здание Капитолия. Его вторая жена Элайн Чао, работала Министром транспорта при президенте Дональде Трампе. *Элейн Чао, министр транспорта, курирует морскую промышленность США. Судоходная компания ее семьи, Foremost Group, имеет тесные связи с китайской элитой.*

Том Бреннер, The New York Times.

Китайский след виден повсюду. В колледжах, в экономике, в политике в инвестиционных проектах. Объём торговли между Китаем и США в 2010 году достиг 385,3 млрд долларов. По итогам 2011 года товарооборот составил $456,8 млрд с положительным сальдо $273 млрд в пользу КНР. Торговая война между США и Китаем началась в 2018 году. США и Китай — это борьба двух стратегий за мировое лидерство.

В августе 2020 г. президент США Дональд Трамп заявил, что при определенных условиях не исключает полного прекращения экономического сотрудничества с Китаем: *«Если они [Китай] не будут обращаться с нами правильно, я, конечно, сделаю это»*, — сказал он в интервью телеканалу Fox News в ответ на вопрос ведущего, может ли быть допущено отделение американской экономики от китайской. По мнению американского лидера, американская экономика несет огромные убытки из-за Пекина.

В своем заявлении директор Национального центра контрразведки и безопасности США Уильям Эванина сообщил, что Китай не поддерживает переизбрание Трампа, поведение которого в Пекине считают «непредсказуемым». В преддверии ноябрьских выборов, КНР пытается *«сформировать политическую среду в Соединенных Штатах, оказывать давление на политических деятелей, чья позиция, по его мнению, противоречит интересам Китая»*.

«Конечно, они [Китай] хотят Байдена. Я взял миллиарды долларов из Китая и отдал их нашим фермерам и казначейству США. Китай будет владеть США, если туда войдут Байден и Хантер[сын Джо Байдена]!» — написал Трамп.

Китайский ученый живущий в США: «Коммунистическая партия Китая (КПК), вероятно, является наиболее идеологически опьяненной, наиболее догматичной политической партией ленинского толка в истории человечества».

«КПК хочет заменить управляемый США международный порядок своей собственной авторитарной моделью управления, их внутреннее определение Соединенных Штатов как главного противника никогда не менялось».

Китай не хочет обострения конфронтации с США, но есть сферы, в которых компромисса не будет - это, прежде всего, идеология, власть КПК, большинство вопросов внутренней политики, система управления государством, вопросы национальной безопасности и территориальной целостности и многое другое.

В США лоббизм узаконен и лоббирование интересов участников строго регламентировано законом. Секретарю Сената или клерку Палаты представителей подаются отчеты о заказчиках лоббистских услуг, лоббируемых решениях и суммах, полученных лоббистами. Связь существует между пожертвованиями в избирательные фонды отдельных законодателей и законодательными решениями, в которых были заинтересованы как лоббисты, так и спонсоры. Китайское лобби главное внимание уделяет сильной экономической зависимости целых отраслей американской экономики от рынка КНР.

Википедия:

Истеблишмент (от англ. *establishment* — «*установление*»; «*основание*») — власть имущие, правящие круги, политическая элита. Совокупность людей, занимающих ключевые позиции в социально-политической системе, являющихся опорой существующего общественного строя и формирующих общественное мнение, а также совокупность социальных институтов, с помощью которых эти люди поддерживают существующий социальный порядок.

Выяснилось, что как и у Джо Байдена, сын Нэнси Пелоси после свержения законного режима Януковича занимался бизнесом на Украине. В 2017 году Пол Пелоси как представитель компаний Viscoil и NRGLab приезжал на Украину, якобы для того, чтобы обсудить сотрудничество в *«сфере футбола»*. При этом сама Нэнси Пелоси в 2015 году приезжала на Украину для обсуждения *«энергетической безопасности»*, а NRGLab ещё до государственного переворота интересовалась вопросами производства газа на Украине.

Существует на You Tub рекламный ролик 2013 года, где Нэнси Пелоси и её сын рассказывают о преимуществах энергосберегающих технологий.

Всплывают подробности на тему того, как американский истеблишмент (в первую очередь руководство демократов — Клинтон, Байден, Пелоси и т.д.) были втянуты в украинскую коррупцию на самом высоком уровне.

Президент Джо Байден

За первый месяц своего президентства Джо Байден подписал более 50 указов, отменяя решения администрации Дональда Трампа. Такой решительный разворот во внутренней и внешней политики вызвал не просто озабоченность, но и беспокойство, особенно в тех штатах, где происходит добыча угля, нефти и газа. Уже не беспокойство, а явное сопротивление в некоторых штатах вызывает намерение Байдена ликвидировать вторую поправку к конституции. То есть право на приобретение и ношение огнестрельного оружия. Ещё большее сопротивление вызывают указы об изменениях в области миграционной политики. Амнистия для нелегальных иммигрантах в стране (по разным подсчетам от 11 до 25 миллионов) и получение гражданства.

Отмена строительства стены на границе с Мексикой, (построена треть стены).

Воссоединение семей нелегальных иммигрантов.

Отмена правила для мигрантов о разлучении с детьми, при незаконном пересечении границы.

Отмена депортации на 100 дней для осужденных нелегальных мигрантов, (осужденные за различные преступления).

Отмена запрета на въезд в страну жителей ряда мусульманских стран.

Введение послаблений для тех, кто хочет получить убежище в США.

Все эти законопроекты направлены на увеличение потенциальной электоральной базы демократов, вместе с тем, это способствует росту преступности и контрабанды наркотиков на территорию США, уверено множество республиканцев.

«Это явно пристрастное предложение вознаграждает тех, кто нарушил закон, наводняет рынок труда в то время, когда миллионы американцев не имеют работы, не может обеспечить безопасность границы и стимулирует дальнейшую нелегальную иммиграцию», — уверен законодатель Джим Джордан.

ИТОГИ

Непримиримые различия в видение будущего американского общества, могут привести страну на грань дезинтеграции на две или больше частей. Причин такого печального конца множество. Произойдет ли подобное размежевание достаточно мирным путем, или без пролития крови не обойтись, решать тем, кто готов на крайние меры или выражают готовность к мирному разрешению споров путём переговоров. Возможно сегодняшнее поколение достигло критической массы, когда веками устоявшаяся структура общества, больше не хочет мириться с существующим положением. А может пропаганда социального общества с равноправием и социальные блага одинаковые для всех, нашла своего благодарного последователя. Нет обществу богатых и бедных. Свобода, Равенство и Братство. Так вроде уже было такое. Кто-то сказал: "...новое — это хорошо забытое старое. А даже если было, то значит плохо делали. Мы сумеем лучше".

Главные противоречия в американском обществе:

- Классовые
- Идеологические
- Расовые
- Национальные
- Религиозные
- Гендерные
- Культурные

- Классовые:

Разница между супербогатыми и откровенно бедными достигла своего апогея. К традиционным долларовым миллиардерам списка журнала Форбс прибавились гиганты социальных сетей и новых технологий. Самый богатый человек мира Джефф Безос, основатель и генеральный директор Amazon, на 2021 год владеет капиталом $193,4 миллиарда. Для сравнения уровень бедности в США зашкаливает. Улицы городов наполнены бездомными, нищенствующими по различным причинам. Пандемия Ковид-19, резко увеличил незащищенный слой населения, когда десятки миллионов американцев потеряли бизнес, работу, жилье, медицинское страхование. Отсутствие уверенности в завтрашнем дне, страх за семью и неизвестное будущее толкает людей на крайние меры.

- Идеологические:

Подобные противоречия связаны с отсутствием ясного понимания какая система управления обществом соответствует требованиям среднего американца. Имея определённые знания о социалистических – коммунистических государственных устройствах, становится очевидно, что что-то не работает. Все известные подобные режимы, держаться на диктатуре, ущемлении основных прав и свобод, снижении уровня жизни, подавлении личности. Американский образ жизни, американская мечта о собственном доме, успешной работе или бизнесе, счастливая семья, свобода слова, неотъемлемые права свободного гражданина, являются идеалом большинства американцев. Демократы предлагают свое видение будущего страны, где все будут равны и счастливы. Те, кто голосовал за Демократическую партию готовы пожертвовать определенными правами человека в обмен на сносное существование.

- Расовые:

Этот фактор американского общества был заложен в основание страны и это неравенство между черным и белым населением не может быть улажен простыми подачками в виде репараций, преимущественных прав при поступлении в высшее учебное заведение, при приеме на работу или высшие должностные позиции. Демократы пытаются решить эту проблему выплатами огромных репараций за годы рабства. Но раскол в обществе слишком велик. Вековые унижения, страдания, попрание гордости, отсутствие условий для развития общества, расовый геноцид нельзя просто забыть. Никакие репарации этой проблемы не решат. На сегодня решения этой проблемы попросту не существует.

• Религиозные:

Хотя современные религиозные доктрины потеряли свою свирепость и призывают паству к смирению и согласию, но религиозные разногласия, существующие с момента тотемного первобытного общества, слишком велики. Конституция США определяет религию как частное дело каждого гражданина и настаивает на четком отделении церкви, религии от государства. Последний вопрос особенно волновал отцов-основателей американского государства. Первая поправка к Конституции США запрещает конгрессу *"издавать законы, устанавливающие какую-либо религию или запрещающие ее свободное вероисповедание"*. Радикальный исламизм насчитывает множество религиозных течений. Деструктивные религиозные течения являются капканом, пребывание в котором убеждает последователей в истинности усвоенных постулатов. В среде афроамериканцев популярно течение радикального ислама, который продолжает деятельность известной Нацией Ислама. Количество мусульманского населения в США к 2021 году составляет порядка 4 миллионов.

• Гендерные:

Сегодняшняя Америка пропагандирует иные ценности, ставя во главу угла множественность полов. Биологические рода мужской и женский, уже не являются традиционными, устоявшими представлениями в сегодняшней социальной культуре. Соответственно грамматический род должен будет измениться, подчеркивая пол, выбранный индивидуально. Приспосабливаясь к новой культуре, семья не должна мешать ребёнку выбрать свой пол, свою идентификацию в социуме и поддерживать ребёнка в его решении. Вид Гомо сапиенс уже переживал подобный феномен культуры общества. Древнеримская империя отличалась крайней степенью извращённости. Правда это не спасло её от гибели. Учёные, изучавшие поведение обезьян в пубертатный период наблюдали гомосексуальное поведение. Гомо сапиенс унаследовали от своих предков гомосексуальные предпочтения, что в сегодняшнем мире является нормой.

• Культурные:

Культура различных рас и народов создавалась при различных обстоятельствах, традициях, природных условиях, обычаях, религиях, уровней знаний, философии, искусств, музыки и литературы. Столкновения культур равносильны столкновению цивилизаций. Система ценностей в культуре одной цивилизации, может вызвать неприятие в другой. Любая культура отстаивает свои абсолютные истины. Каждая религия видит себя как истину в последней инстанции со всеми вытекающими отсюда логическими, а в конфессиональных государствах вполне практическими, последствиями.

Все вышеперечисленные противоречия будут способствовать дезинтеграции, некогда единой страны. Критическая масса населения требующая кардинальных перемен, достигла уровня, когда подобные перемены неизбежны. Остаётся надеяться что подобный передел обойдется без кровавых потрясений.

Такой пример дезинтеграции в новейшей истории нашего вида, Гомо сапиенс, произошёл в 1991 году в СССР. Союз Советских Социалистических Республик, в результате договора, подписанного представителями 3 республик: России, Украины и Белоруссии, ликвидировали прежний союз и создали Союз Независимых Государств - СНГ . Причины такой дезинтеграции были идеологические, экономические и национальные. Массовые движения за национальную независимость, раскачали корабль *«социалистической державы»*, и распад стал неизбежным.

Это произошло без кровопролития, мирным путём. Проведенный в стране референдум, поддержал создание СНГ. Если распад страны неизбежен, нужно надеяться на благоразумие противоборствующих сторон и мирное разрешение возникающих конфликтов. В штате Техас член палаты представителей, республиканец Кайл Бидерманн предложил провести референдум по выходу из состава США. Он считает, что *...федеральное правительство вышло из под контроля и уже не представляет ценности техасцев.*

НОВАЯ РЕАЛЬНОСТЬ

Правящая элита Демократической партии в соответствии с инстинктами Гомо сапиенс и реально оценивая опасность, грозящую от непредсказуемого и неуправляемого президента Дональда Трампа, умело и решительно перешла в наступление. Подступающие президентские выборы 2020 года явно предвещали победу «сидящему» президенту Дональду Трампу, что означало ещё четыре года правления в Белом доме.

Все предыдущие попытки обвинений в связях с Россией или давления на президента Украины разваливались в Сенате, где республиканцы имели большинство. Угроза Трампа была явной и опасной. Отряхнув от себя нападавших демократов, как свору собак отшвыривает разъяренный медведь, он может перейти в наступление и подобное допустить было невозможно. Трамп не раз заявлял, что намерен разогнать *вашингтонское болото*, а там могли полететь головы более значительных и очень влиятельных людей. Кто-то мог оказаться на тюремных нарах, кто-то потерять нажитое с таким трудом состояние, многие потерять личные связи, блестящую карьеру, лишиться шикарного дохода пристроенных на нужных и важных должностях детей. Словом это могло стать катастрофой. Трамп был обречен.

Всю историю Гомо сапиенсе сопровождают дворцовые перевороты, интриги, борьба за власть. Доминантность никто не отменял. Демократы решились на государственный переворот. Это было опасно. Их могли обвинить в мятеже и насильственном свержении законно избранной власти. Они могли потерять всё, а то и оказаться на скамье подсудимых. Правда бездействие означало ещё четыре года правления президента Трампа, что также грозило возможной потерей всего и вся. Возможно некоторые влиятельные лица имели обязательства (возможно финансовые, зависимость при обязательствах) перед определенными кругам. Кто платит, тот и музыку заказывает. Может быть какие-то скелеты в шкафу, не позволяют отмахнуться. Зависимость – тяжкий удел.

Как некогда римский сенатор Катон Старший, заканчивая речь на любую тему, произносил: "... *А Карфаген должен быть разрушен*". Так демократы при всяком случае, упоминая Трампа, говорили о его плохих качествах, поступках, чертах характера так несоответствующих должности президента страны. За четыре года предстояло разработать победоносный план, который устранит с поста президента Дональда Трампа.

Заговорщики разработали блестящую стратегию, с участием заинтересованных зарубежных стран, привлекли на свою сторону ударные отряды бунтарей (Антифа,

БЛМ и др.), расставили на всех важных участках власти нужных людей, вплоть до Верховного суда. Тех, кого нельзя было подкупить, запугивали боевики. СМИ и социальные сети, забыв обо всех поправках в Конституции, выдавали лживую пропаганду, блокировали всех, кто пытался доказывать обратное. Были закуплены *«нужные»* машины для голосования, с программами, позволяющими *«скорректировать»* нежелательные результаты. Так кстати подоспела пандемия Ковид-19, что можно было легально и просто запереть население дома, а голосование провести по почте.

Тем не менее оставалось множество тревожных моментов, когда уже почти явную победу можно было потерять. Правда в судах, в органах власти в нужных штатах, находились нужные люди, хоть и республиканцы, но они знали что надо делать. Был один, очень тревожный момент, когда Конгресс в полном составе утверждает голоса выборщиков и утверждает кандидатуру президента. Председательствующий на этом заседании вице-президент Майк Пенс мог опрокинуть всю хрупкую конструкцию и свести на нет усилия множества людей и огромные потраченные средства.

Эта задача была решена.

Возник ещё один блестящий план, который позволял не только утвердить нужную кандидатуру в президенты США, но и навсегда устранить с политической арены такого противника как Дональд Трамп. Было решено провести небольшой спектакль под названием *«Штурм Капитолия»*. Что-то вроде штурма Бастилии во

Франции или штурм Зимнего Дворца в России. Так будет проще объяснить утверждение нужного президента, а Дональда Трампа объявить инициатором мятежа, с угрозой жизни для власть предержащих.

Как говорят американцы: *"Убить двух птиц одним камнем"*. Президентом утверждается нужная кандидатура, а Трампу грозит очередной импичмент, с угрозой запрещения когда бы то ни было занимать выборную должность. Штурмовики Антифа блестяще справились с пустяковым штурмом, тем более полиция охраняющая народных избранников не сопротивлялась, а наоборот приглашала войти. Вице-президент Майк Пенс, с полным основанием и уверенностью в своей правоте, утвердил победу Демократического президента.

С импичментом №2 не прокатило, поскольку несмотря на предательство нескольких республиканцев, Сенат оправдал президента Трампа, для обвинения требовалось 67% голосов. Тем не менее, это была победа. Демократы выиграли не только сражение, но и весь «крестовый поход». Обе палаты Конгресса и Белый дом оказались в руках демократов. Оставалось выполнить следующую, не менее важную задачу, оставить за собой верховенство власти на возможно обозримый срок, желательно навсегда.

Первый месяц президентства Джо Байдена не оставил сомнений в выбранной стратегии. Его, довольно странная команда, словно подобрана для выполнения специальной задачи, приносит ежедневно главе государрства по несколько указов, которые он с явным видимым удовольствием подписывает, правда иногда спрашивает:

— Что я подписываю?

Это не удивительно, поскольку 46-й президент США проявляет плохо скрываемые признаки потери памяти. Это стало настолько заметно, что демократы проявили беспокойство и подготовили решение об изменении системы контроля на так называемой ядерной *«красной кнопкой»*.

За месяц своего пребывания в должности президента Джо Байден опрокинул почти все достижения администрации Трампа. Это больше похоже на *«свита играет короля»*.

Возможно это вице-президент Камала Харрис действует в тени *«ширмы-президента»*. Или бывший президент Барак Обама. Возможно это такое решение проблемы власти в стране. Разрушительные указы один за другим, уничтожение рабочих мест сбалансированной экономики, ставка на *«новую зеленую сделку»*, проталкиваемую бывшей барменшей из Бронкса, а ныне конгрессвумен АОС, идеологический руководитель так называемого отряда 4-х в Палате представителей.

Изменения в области иммиграционного законодательства, направленное на значительное увеличение притока мигрантов в страну. Возвращение ко всем соглашениям из которых вышла администрация Трампа. Соблюдение юридических прав расовых, религиозных, людей с нетрадиционной ориентацией, прав ЛГБТ сообществ.

Подготовка к выплате репараций пострадавшим во времена рабства. Выделение 1,9 триллиона долларов для стимулирования пострадавшей от пандемии экономики США, в котором большая часть пакета направлена на помощь другим странам. Здесь перечислена только часть указов президента Джо Байдена, подписанных в первой месяц правления нового президента. Едва ли не все указы 46-го президента США направлены на разрушение экономики внутри страны и отправка финансовой помощи другим странам.

Естественно напрашиваются множество вопросов: Правительство вообще не понимает что оно делает? А если понимает, тогда зачем? Кому это выгодно? Какая цель всего этого деструктивного хозяйствования. Кому выгодна слабая, разделенная Америка?

Всем тем, кто хочет ослабления влияния США. Всем кто хочет изменить монетарную долларовую систему мира. Введение электронной валюты, типа биткоинов, это просто вопрос времени. Казалось бы глупо разрушать экономику и рушить долларовую монетарную систему. Это равносильно подпиливание ветки, на которой сидишь, но для многих, особенно тех кто играет на понижение (Сорос, Китай, банкиры, финасовые магнаты) такой коллапс гигантской экономики США, подарок хорошо подготовленной операции. Скупить за бесценок обрушенные активы, подождать подъема и заработать баснословные барыши.

Как бы то ни было, демократам разрушение страны необходимо, для удержания власти в перспективе. Они не могут допустить потери власти на следующих выборах. Это может стать катастрофой для всех, кто был завязан в перевороте. Суды, тюрьмы, потери всего и вся. Это из страшного ночного кошмара. Демократы этого не допустят. Они власть просто так не отдадут. Они рискнули и выиграли. Как говаривал один неглупый человек:

— *Ставлю 100 баксов против дырки от бублика, по-вашему не будет.*

Демократы у власти прекрасно понимают, что удержатся у власти они смогут только разрушив страну. Мгновенно обедневшее, голодное население будет искать защиты и спасения у власти. Тогда можно будет легко изменить конституцию страны, закрепив навсегда правление одной партии. Если уж совсем станет опасно жить в одной большой стране, можно договориться, как сделали в России, и разделиться на отдельные союзы. Прецедент уже был. Север и Юг. КША против США. Конфедеративные Штаты против Соединенных Штатов.

Делайте ваши ставки, господа!

ЭПИЛОГ

Демократы и те кто участвовал и разрабатывал планы захвата власти в США, естественно учитывали все трудности и возможные варианты противодействия подобным планам. Огромная страна с населением почти в 333 миллиона человек на 2020 год, с федеративными, почти независимыми 50-ю штатами. Громадным количеством огнестрельного оружия на руках у населения, привычным к свободе и гордости за свою страну, было бы странно предполагать что они добровольно сложат оружие, сцепят руки за спиной и пойдут строем в светлое завтра. Это первая, но не последняя проблема.

Вторая, не менее сложная проблема, это существование множества меньшинств, каждое из которых требует построения общества по их собственным предпочтениям. Подобный сепаратизм требует особого подхода. Им обещано очень многое, но эти меньшинства плохо управляемые, громогласные и всегда готовы к обострению ситуации.

Наконец просто демократическое население страны, поддерживающее идеи демократические или даже социалистические. Пока всё хорошо, они кричат ура и подбрасывают шляпы вверх. Как они себя поведут когда «запахнет жареным» не знает никто.

Разделение на два или даже три независимых образования возможно. Главное избежать кровопролития. Позволить каждому суверенному государству осуществлять свою социальную политику, свою экономику, охрану своих границ. Если это получилось в России, может быть получиться и в Америке. Подобный раздел страны грозит громадными финансовыми потерями, потери статуса великой державы и множеств исковерканных судеб. Но это лучшее из всего, что судьба может предложить этой стране.

Февраль 2021

Послесловие:

Прочитав бесчисленное количество раз написанное, я пришел к выводу, что всё написанное уже устарело. Сегодняшняя жизнь настолько быстро-текущая, что события буквально устаревают на следующий день. Всё что имело такое важное значение и требовало внимания и раздумий, сегодня кажется наивным и никому не нужным. Человечество в своей истории проходило через множество кардинальных изменений в своей судьбе. Были важные и нужные этапы развития нашего вида, но чаще случались перемены, которые приводили к войнам, уничтожению целых народов, а то и континентов. Заканчивалась одна эпоха и наступала другая.

Можно ли 2020 год считать эпохальным в истории нашего вида?

Мне кажется да. Ушла в прошлое эпоха отжившего монархизма, уступив дорогу буржуазному парламентаризму. Карл Маркс, изобретя теорию «прибавочной стоимости» указал дорогу к социалистической революции и кардинальному преобразованию общественного устройства. Эта эпоха принесла множество кровавых потрясений, две мировые войны с немыслимыми человеческими жертвами. Послевоенная Европа выбрала политической системой, демократическую парламентскую форму правления. Часть государств предпочли конституционную монархию. Россия преобразовалась в социалистическое государство.

США, с момента создания, являлась федеративной президентской республикой, в конституции которой был заложен принцип разделения властей. Законодательная, исполнительная и судебная власти, действующие на основании конституции независимо друг от друга. В преамбуле конституции источником власти признан народ. Таким образом все слои населения, включая все меньшинства имеют одинаковые права. Народ выбирает своих представителей, опираясь в своём мнении на предвыборные обещания и взгляды на общественное устройство страны. Конституция гарантировала основные политические права: свободу слова, свобода собраний, вероисповедания и свободу прессы. Жизнь диктовала свои условия и были приняты 27 поправок к конституции.

Республиканская партия, основанная более четверти века спустя, долгие годы являлась правящей партией в стране, благодаря победе северян под руководством республиканца Авраама Линкольна в Гражданской войне. Личная свобода и свободное предпринимательство сделало эту страну лидером свободного мира.

Президенство демократических кандидатов, Клинтона (1992–2000) и Барака Обамы (2008-2016) во многом повлияло на весь мир, который внезапно начал очень резко меняться, причем не только в Соединенных Штатах, но и на всей планете. Глобальный кризис во всем мире развивался вне контроля. В стране радикально изменился не только этнический состав страны, но и расовый, религиозный, гендерный, социальный, культурный, интеллектуальный. В 2020 году большинство населения США проголосовало за кандидатов Демократической партии. Произошла бескровная революция в США, которая в корне изменит весь мир.

Наступила Новая Эра.

Библиография книг Гомо Сапиенс

Designer: Tom Howey

Publisher: Newcomers Authors Publishing Group

ISBN: 978-1-950430-079; ГС 1; PB; Рус
ISBN: 978-1-950430-116; ГС 1; PB; Изр
ISBN: 978-1-950430-123; ГС 1; Рус; audio
ISBN: 978-1-950430-178; HS I&II; HC; Eng
ISBN: 978-1-950430-161; HS I&II; eBook; Eng
ISBN: 978-1-950430-079; ГС 1; PB; Rus
ISBN: 978-1-950430-093; ГС 1; eBook; Rus
ISBN: 978-1-950430-147; ГС 1+2; HC; Rus
ISBN: 978-1-050430-154; ГС 1+2; eBook; Rus

www.ingramcontent.com/pod-product-compliance
Lightning Source LLC
LaVergne TN
LVHW021332080526
838202LV00003B/151